海上絲綢之路基本文獻叢書

南洋與日本（上）

〔日〕井上清 著
黄率真 譯

文物出版社

圖書在版編目（CIP）數據

南洋與日本. 上 / （日）井上清著 ; 黄率真譯. --
北京 : 文物出版社, 2022.7
（海上絲綢之路基本文獻叢書）
ISBN 978-7-5010-7688-8

Ⅰ. ①南… Ⅱ. ①井… ②黄… Ⅲ. ①區域開發一研究一東南亞 Ⅳ. ①F133.04

中國版本圖書館CIP數據核字（2022）第097831號

海上絲綢之路基本文獻叢書

南洋與日本（上）

著　　者：〔日〕井上清
策　　劃：盛世博閱（北京）文化有限責任公司

封面設計：鞏榮彪
責任編輯：劉永海
責任印製：蘇　林

出版發行：文物出版社
社　　址：北京市東城區東直門内北小街2號樓
郵　　編：100007
網　　址：http://www.wenwu.com
經　　銷：新華書店
印　　刷：北京旺都印務有限公司
開　　本：787mm×1092mm　1/16
印　　張：14.25
版　　次：2022年7月第1版
印　　次：2022年7月第1次印刷
書　　號：ISBN 978-7-5010-7688-8
定　　價：98.00圓

總緒

海上絲綢之路，一般意義上是指從秦漢至鴉片戰争前中國與世界進行政治、經濟、文化交流的海上通道，主要分爲經由黄海、東海的海路最終抵達日本列島及朝鮮半島的東海航綫和以徐聞、合浦、廣州、泉州爲起點通往東南亞及印度洋地區的南海航綫。

在中國古代文獻中，最早、最詳細記載『海上絲綢之路』航綫的是東漢班固的《漢書·地理志》，詳細記載了西漢黄門譯長率領應募者入海『齎黄金雜繒而往』之事，書中所出現的地理記載與東南亞地區相關，并與實際的地理狀況基本相符。

東漢後，中國進入魏晋南北朝長達三百多年的分裂割據時期，絲路上的交往也走向低谷。這一時期的絲路交往，以法顯的西行最爲著名。法顯作爲從陸路西行到印度，再由海路回國的第一人，根據親身經歷所寫的《佛國記》（又稱《法顯傳》）一書，詳細介紹了古代中亞和印度、巴基斯坦、斯里蘭卡等地的歷史及風土人情，是瞭解和研究海陸絲綢之路的珍貴歷史資料。

隨着隋唐的統一，中國經濟重心的南移，中國與西方交通以海路爲主，海上絲綢之路進入大發展時期。廣州成爲唐朝最大的海外貿易中心，朝廷設立市舶司，專門管理海外貿易。唐代著名的地理學家賈耽（七三〇～八〇五年）的《皇華四達記》記載了從廣州通往阿拉伯地區的海上交通『廣州通夷道』，詳述了從廣州港出發，經越南、馬來半島、蘇門答臘半島至印度、錫蘭，直至波斯灣沿岸各國的航綫及沿途地區的方位、名稱、島礁、山川、民俗等。譯經大師義净西行求法，將沿途見聞寫成著作《大唐西域求法高僧傳》，詳細記載了海上絲綢之路的發展變化，是我們瞭解絲綢之路不可多得的第一手資料。

宋代的造船技術和航海技術顯著提高，指南針廣泛應用於航海，中國商船的遠航能力大大提升。北宋徐兢的《宣和奉使高麗圖經》詳細記述了船舶製造、海洋地理和往來航綫，是研究宋代海外交通史、中朝友好關係史、中朝經濟文化交流史的重要文獻。南宋趙汝適《諸蕃志》記載，南海有五十三個國家和地區與南宋通商貿易，形成了通往日本、高麗、東南亞、印度、波斯、阿拉伯等地的『海上絲綢之路』。宋代爲了加强商貿往來，於北宋神宗元豐三年（一〇八〇年）頒佈了中國歷史上第一部海洋貿易管理條例《廣州市舶條法》，并稱爲宋代貿易管理的制度範本。

元朝在經濟上採用重商主義政策，鼓勵海外貿易，中國與歐洲的聯繫與交往非常頻繁，其中馬可・波羅、伊本・白圖泰等歐洲旅行家來到中國，留下了大量的旅行記，記録元代海上絲綢之路的盛况。元代的汪大淵兩次出海，撰寫出《島夷志略》一書，記録了二百多個國名和地名，其中不少首次見於中國著録，涉及的地理範圍東至菲律賓群島，西至非洲。這些都反映了元朝時中西經濟文化交流的豐富内容。

明、清政府先後多次實施海禁政策，海上絲綢之路的貿易逐漸衰落。但是從明永樂三年至明宣德八年的二十八年裏，鄭和率船隊七下西洋，先後到達的國家多達三十多個，在進行經貿交流的同時，也極大地促進了中外文化的交流，這些都詳見於《西洋蕃國志》《星槎勝覽》《瀛涯勝覽》等典籍中。

關於海上絲綢之路的文獻記述，除上述官員、學者、求法或傳教高僧以及旅行者的著作外，自《漢書》之後，歷代正史大都列有《地理志》《四夷傳》《西域傳》《外國傳》《蠻夷傳》《屬國傳》等篇章，加上唐宋以來衆多的典制類文獻、地方史志文獻，集中反映了歷代王朝對於周邊部族、政權以及西方世界的認識，都是關於海上絲綢之路的原始史料性文獻。

海上絲綢之路概念的形成，經歷了一個演變的過程。十九世紀七十年代德國地理學家費迪南・馮・李希霍芬（Ferdinad Von Richthofen，一八三三～一九〇五），在其《中國：親身旅行和研究成果》第三卷中首次把輸出中國絲綢的東西陸路稱爲『絲綢之路』。有『歐洲漢學泰斗』之稱的法國漢學家沙畹（Édouard Chavannes，一八六五～一九一八），在其一九〇三年著作的《西突厥史料》中提出『絲路有海陸兩道』，蘊涵了海上絲綢之路最初提法。迄今發現最早正式提出『海上絲綢之路』一詞的是日本考古學家三杉隆敏，他在一九六七年出版《中國瓷器之旅：探索海上的絲綢之路》中首次使用『海上絲綢之路』一詞；一九七九年三杉隆敏又出版了《海上絲綢之路》一書，其立意和出發點局限在東西方之間的陶瓷貿易與交流史。

二十世紀八十年代以來，在海外交通史研究中，『海上絲綢之路』一詞逐漸成爲中外學術界廣泛接受的概念。根據姚楠等人研究，饒宗頤先生是華人中最早提出『海上絲綢之路』的人，他的《海道之絲路與昆侖舶》正式提出『海上絲路』的稱謂。選堂先生評價海上絲綢之路是外交、貿易和文化交流作用的通道。此後，大陸學者馮蔚然在一九七八年編寫的《航運史話》中，使用『海上絲綢之路』一詞，這是迄今學界查到的中國大陸最早使用『海上絲綢之路』的人，更多地限於航海活動領域的考察。一九八〇年北京大學陳炎教授提出『海上絲綢之路』研究，并於一九八一年發表《略論海上絲綢之路》一文。他對海上絲綢之路的理解超越以往，且帶有濃厚的愛國主義思想。陳炎教授之後，從事研究海上絲綢之路的學者越來越多，尤其沿海港口城市向聯合國申請海上絲綢之路非物質文化遺産活動，將海上絲綢之路研究推向新高潮。另外，國家把建設『絲綢之路經濟帶』和『二十一世紀海上絲綢之路』作爲對外發展方針，將這一學術課題提升爲國家願景的高度，使海上絲綢之路形成超越學術進入政經層面的熱潮。

與海上絲綢之路學的萬千氣象相對應，海上絲綢之路文獻的整理工作仍顯滯後，遠遠跟不上突飛猛進的研究進展。二〇一八年厦門大學、中山大學等單位聯合發起『海上絲綢之路文獻集成』專案，尚在醖釀當中。我們不揣淺陋，深入調查，廣泛搜集，將有關海上絲綢之路的原始史料文獻和研究文獻，分爲風俗物産、雜史筆記、海防海事、典章檔案等六個類別，彙編成《海上絲綢之路歷史文化叢書》，於二〇二〇年影印出版。此輯面市以來，深受各大圖書館及相關研究者好評。爲讓更多的讀者親近古籍文獻，我們遴選出前編中的菁華，彙編成《海上絲綢之路基本文獻叢書》，以單行本影印出版，以饗讀者，以期爲讀者展現出一幅幅中外經濟文化交流的精美畫卷，爲海上絲綢之路的研究提供歷史借鑒，爲『二十一世紀海上絲綢之路』倡議構想的實踐做好歷史的詮釋和注脚，從而達到『以史爲鑒』『古爲今用』的目的。

凡例

一、本編注重史料的珍稀性，從《海上絲綢之路歷史文化叢書》中遴選出菁華，擬出版百册單行本。

二、本編所選之文獻，其編纂的年代下限至一九四九年。

三、本編排序無嚴格定式，所選之文獻篇幅以二百餘頁爲宜，以便讀者閱讀使用。

四、本編所選文獻，每種前皆注明版本、著者。

五、本編文獻皆爲影印，原始文本掃描之後經過修復處理，仍存原式，少數文獻由於原始底本欠佳，略有模糊之處，不影響閱讀使用。

六、本編原始底本非一時一地之出版物，原書裝幀、開本多有不同，本書彙編之後，統一爲十六開右翻本。

目録

南洋與日本（上）

南洋與日本（上）

章一至章四

〔日〕井上清 著　黄率真 譯

民國三年上海中華書局鉛印本

井上清 著
黄率真 譯

南洋與日本

中華書局代行

譯者自序

南洋為歐亞兩大洲交通之關門。又為亞濠兩大陸往來之孔道。近者巴拿馬運河開通。則更為東西兩半球通航之樞紐矣。加之土壤肥沃。天產豐富。久膾炙於世界人士之口。故英美德法荷蘭等國。均各經略其殖民地於此。關於南洋之地方遊記。生產彙錄。以及地誌、風俗誌、貿易誌、與夫一切調查報告書類等等。見諸英法德美諸國之文庫中者。汗牛充棟。德帝維廉之言曰。當此二十世紀帝國主義膨漲時代。其主義之能實現與否。全視乎南洋方面之有領土與否以為斷云云。良有以也。吾國與南洋關係最深。距離最近。歷史最久。而居留南洋之僑民人數又最多。不獨幾十百倍於歐美人。而各埠各港。芸芸衆衆。幾較南洋之舊主人公馬來土人而更多。大有喧賓奪主之勢。然而關於南洋之事事物物。不獨無專門著作。并譯本亦不一見。良用慨然。近年日本亦崛起南進。其政府派人調查其領事詳細報告。其民間有志之士。亦各負笈南來。實地踏查。故關於南洋著作。由其政府或民間出版者。不下數十種。是書爲日本井上清君於民國元年七月。親赴南洋。實歷各埠。逾八閱月。至民國二年春歸國。將其調查所得者。分類編纂。於去年七月出版。實爲最新之著。譯者此次隨夫子買棹南遊。凡聞見所及。關於華僑在留之待遇。及殖產、教育等各事業。心有所感。欲宣之於口者。井上君已一一先我而言之。且是書有特質數點。(一)其述各島各埠之地質、地理、地形、以及一切之水陸交通狀態。宛然是一部南洋地誌。(二)其述橡皮、錫鑛、煤油、以及一切糖、茶、咖啡、輸入輸出之情狀。宛然是一部南洋通商實業誌。(三)其述各國對於南洋各殖民地之設施、制度、教育、開發等各事業。以及一切僑民土民之待遇等等。宛然是一部各國殖民政策得失比較史。(四)其述各國取得各殖民地之手段。其間經過之曲折。起伏之風波。以及一切土民之慘淡生涯。又宛然是一部十九世紀西力東漸之活歷史。尤令人讀之不寒而慄者。實吾國目下之好教訓。當頭棒也。蓋當十九世紀之初。西力東漸之惡風潮。尚不過渡紅海而印度洋。今則已越馬剌加海峽。而流入中國海矣。嗚呼。回顧祖國。憂心如擣。用敢不揣弱質淺陋。取譯是書。聊以盡國民一分子之義務云爾。

中華民國三年八月二十八日　日本第二艦隊司令官加藤中將宣佈封鎖膠州灣之翌日

黃率眞識

凡例四則

一、南洋英荷兩屬之貨幣及度量衡均各不同。如英屬之「弗」。約中國一元二角左右。荷屬之「盾」。約八角左右。其一弗或一盾。均各分爲十角。一角又分爲十仙。又一「英畝」約中國七畝左右。一「荷畝」約十畝左右。此外如英貨之「鎊」。約中國十元。「志」又名先令。約五角內外。「吉羅格蘭」合中國二十六兩六錢二分。「磅」合十二兩零九分六釐。「擔」合一百斤。「噸」合二千三百四十磅。約一千七百六十二斤强。

二、譯者最難者地名也。且吾國語言不統一。尤爲難中之難。南洋各埠大半均係閩粵人。故一切地名。此間向用閩粵音繙譯。（如 Beach Road 譯作美芝律是。）然吾國語言以閩粵兩省爲最不普通。故本書中各地名。若此間已有沿用甚久。且與各省普通音相差不遠者。則仍用此間原有之譯名。其與普通音太殊者。則參攷英文原名而改譯之。閱者諒焉。

三、本書統照原書章句繙譯。並無節略之處。惟原書最後尚有「第七」通商航海及移民之研究。及「第八」南洋之將來兩章。大半均係督促其政府。鼓勵其人民。從速崛起南進之詞。可供吾人借鑑參攷之處甚少。且歐洲戰雲突起。警報頻頻。東亞和平。尙屬疑問。吾人處此世界列強全部合演世界的大活劇之時。舉凡將來國際勢力之推移。地圖顏色之變更等等。當悉心研究之處正多。故略之。

四、本書常有述及華僑在南洋之地位。居留政府對於僑民之待遇。吾國與南洋一千餘年之關係。唐明二代及於南洋各地之勢力。以及華僑目下在南洋之教育、殖產、等各事業。均足令人撫今思昔。大可興發吾人勉勵吾人警醒吾人者。惟所言間有不當或當而有未盡者。吾人均於其下加以「譯者附誌」以正之。盡之。此外如吾人頻年來對於異教教育之意見。道德合資之主張。整飭吏治之懷抱。等亦每有機會。則加「附誌」以吐露之。雖曰一得之愚。或亦芻蕘之獻歟。

中華三年八月二十八日　　率眞又識

南洋與日本

目錄

南洋與日本目錄終

南洋與日本

日本井上清原著
中國　黃率眞譯

第一　南進論概說

天然美境

帝國之南有國焉。綠樹蒼蒼。輭風習習。四時不分寒暖。極樂之鳥。爛熳之花。鬱鬱者橡樹之林。累累者椰子之蔭。一如描寫印度古賢所理想之樂土。雖毒蟲怪鳥及半人半獸之蠻族分介其間。然海底眞珠。山中金錫。取之不盡。用之不竭。又何蠻煙瘴雨之足云哉。較之漠北之赤地無寸草者。固不可同日語也。(按漠北係指澳洲言)

南洋之地形

展覽輿圖。見亞細亞之南方。有細長如拳之一大半島。此半島之前面島嶼星羅棊布。試自臺灣向西南方引一直綫。則其右有菲律賓羣島。左有安南暹羅緬甸各地。若更向赤道直下。卽有馬來半島。與此馬來半島隔一葦帶水之南面有蘇門答剌島。爪哇島。婆羅洲島。再西向有西列倍斯島。新基內亞島。雲煙縹渺。狀態不可縷述樹林蓊鬱。海靜山靑。有包藏千古秘密之勢。

南洋之面積

吾人之爲此論也。非徒憑几夢想之談也。所以乘風破浪。親踏其地。視其住民。察其風俗者。無非欲鼓起國人圖南之志耳。夫英屬馬來半島之面積。約五萬餘方哩。人口二百萬。荷屬爪哇、蘇門答剌、婆羅洲、及其他各島面積。總計約七十三萬方哩。人口約三千八百萬。以與我日本帝國之領地及人口相較。日本內地人口之密度。一平方哩已達四百三十人有奇。馬來半島一平方哩僅二十人而尙不足。荷屬各島其中爪哇開發最早。然一平方哩亦不過五十餘人。則其地域之大。居民之疎。豈不瞭瞭者歟。再加菲律賓及新基內亞諸島。南洋總面積實有一百二十萬方哩。若更張羽翼而躍進濠洲。則雖以西鄰四百餘洲之廣漠(指我中國)亦不足誇示於我。乃世人動輒醉心中國。而於南面開拓之計。每忽略之。此實吾人所最遺憾千萬者也。

經國之大本

竊思我國目前之最大急務。卽在遵循開國進取之國是方針。而圖四方之發展。是也。試觀國內住民之密度。已屬世界最多之部。而年年人口之增殖。又達八十萬左右夫繁殖率之旺盛既如此。人口分布之稠密又如彼。苟不圖海外發展。實令人不寒而慄者。故興國之第一義。不可不以國內過剩之勢力日圖向外發展爲經綸之要策。乃返觀現代之政治家往往醉心於權勢之競爭。而忘卻經國之大本。實吾人所痛歎不止者。誠以帝國之安危。實視此多方面膨漲主義之能否實現以爲斷也。

最近之發展地

地味豐饒。氣候溫和。領土廣大。而又人口稀薄。凡於吾國民開拓上所最要之條件。一一具備者。則人人皆知爲北美合衆國。然不幸而爲激烈的人種感情所阻礙。使一屈而無復再伸之機運。則又無可如何者也。今姑不論外交當局者之能不能。然近年留美邦人之年年減少。實令人憂心如搗而不能措者。其他坎拿大之排日熱。又爲世人所共知。卽白人在濠洲之運動。雖不過一部少數者之誇張。然諺云無風不作浪。亦非無以也。由此觀之。五大洲中。尙容我日本人有插足之餘地者。實惟南美與南洋諸島而已。若更徵以地理上之關係。歷史及人種上之關係。與通商貿易上之難易關係。則又無一不當先著目於南洋者也。

滿韓集注

唱滿韓集注論者曰。朝鮮爲我國國防上第一綫。則滿州自不得不爲其前衞而作爲帝國之要塞地帶。故當傾二千五百年來蓄積於國內之無限大勢力。移植於滿韓之野。開其富源。握其寶庫。併得以過剩之人口。移殖於彼云云。此論也。吾人固不辭舉手贊成。相與共盡鼓吹之急務者也。蓋滿洲爲我忠勇同胞惡戰苦鬬碧血貫注之地。朝鮮爲我千數百年來歷代祖先夢寐難忘之處。不然者。誰敢起無益之戰爭。而以國家之存亡。爲孤注哉。故帝國之扶植其權威。堅固其根據。實歷史的使命也。然此皆既定之問題。於甲午戰役之當時。已早解決之舊問題而已。乃以此既定之問題。作爲未決之案件。以相爭論。所謂舊人新衣。苟非迂談。寧非滑稽哉。彼外交當局者。不過因受屈於北美之排日運動。故特唱滿韓集注論。以爲欺瞞一世之耳目計。然吾人之所以贊同此論者。非作爲新問題觀也。質直言之。吾人固早已不視滿韓爲異邦異域。實爲由帝國延長而擴大之地也。(譯者曰吾國人看者)然因有此滿韓地域。而謂帝國國民得暫緩他方面之發展者。此實大謬不解者也。以吾國民異常的膨漲精神。與異常的繁殖力。將來滿州朝鮮能容吸之分量殆極少。況依經濟上之原則觀之。則人心之南向。實順應自然之趨勢者也。

●與南洋發展

北守南進論與經濟學原理

秋風北起雁南歸。凡百生物。無不厭寒逐暖。今以滿洲朝鮮。較之南洋諸島。其自然之風光。地味之美惡。不同之點。無待贅言。邦人之入滿韓者。大有好逸惡勞之勢。開拓富源。闢墾荒地之難。較在母國墨守祖業。其利益尤尠。蓋因勞銀最廉之滿韓人。已到處皆是。故惟假大資本之威力。或尚可以舉功。至若箇人活動之天地。蓋甚有難言者。雖撫順之石炭。鴨綠江之森林。以及大豆米穀棉花等類。不無可企之業。然以之比較南洋各種之產物。其優劣不可以道里計。且滿韓各地。非邦人供給勞力之處。實邦人供給資本之處。故殖民之餘地。已甚缺乏。至若南洋除爪哇已稍開發外。人煙稀少。鋤犂可入之廣漠良地。所在皆是。勞力與資本。兩者皆可提供而有餘。通商利益。亦極易極大。故由是等經濟的觀察。將來帝國國民。欲擇大伸驥足之所者。吾人必不假躊躇。當以南洋對也。

歷史上之南洋與日本

南洋諸島之名。在西洋歷史家之記錄。始於第十六世紀葡萄牙對西班牙勢力競爭之時。至荷蘭與英國之東方雄飛時代。遂漸多事。即吾國民之注目南洋。亦受西力東漸之波動。試觀吾國近古史上之一異彩。所謂御朱印船者。其在南洋活動之狀況至今追想尚不禁胸躍而神馳也。蓋自原田孫七郎奉秀吉之命遠征呂宋一事觀之則當時經營南洋思想之發達概可想見。至德川時代雖實行鎖國主義嚴禁西教。然有長崎開港歡迎荷蘭船之事。蘭船之來我國者。以爪哇為基點每年五月自巴城發七月抵長崎年末還爪哇。以為常例此時我國卽藉荷蘭船之通航得與南洋間接貿易。而親炙南洋之事事物物也。

同種同族之觀念

南洋與我國之關係一時邦人之活躍如前所述。呂宋之戰邦人之死於該處者。不可尋其遺業。僅於稗史上留山田長政濱田孫兵衛等諸人之名而已。不豈深可痛惜哉。然菲律賓人之血脈中實流有五百年前我遠征隊諸氏之遺血。故對於我國憧憬之念極深。且南洋主人公之馬來人。雖表面存皮膚黃黑之差異。而對於邦人亦懷同種同族之觀念。蓋吾等之祖先實自南洋渡來。依近世人類學之說明。已確實無疑義。卽使如舊時學說吾等祖先係蒙古人種。然馬來人以同種同族之善感尊敬邦人。待遇邦人之好意。與他國人排日感情之熾烈絕對相反。此實與帝國國民發展上之極大便益也。

九牛一毛之日本人

然返觀現代邦人之在南洋者。其狀態如何。實令人不能不起無限之憾。者荷屬諸島之日本人數。男一千零零五人。女一千零八十人。合計二千零八十五人。（含英領婆羅洲在內）馬來半島之在留數。合英領海峽殖民地馬來聯邦及其他各地。男共一千三百四十一人。女二千四百三十八人。合計不過三千七百七十九人。雖以上人數係在政廳有公式統計之數目。而此外尚有一種無籍可稽之娘子軍。（日本娼妓）潛服各地。故實數當較上數略多。然較之南洋主人公之馬來人。及握實際的勢力之**中國**人。曾不足當九牛之一毛。**中國**人之移住南洋者。僅英屬海峽殖民地一部。達三十六萬人以上。實占該地總人口之過半數。其在荷屬者。約六十萬人。（譯者按此係一九一〇年前之調查目下無論華人日人均多於此數）若歐美人數雖不多。然亦駕我日本人而過之。資力職業地位之差別。暫勿論。僅以此人口數目觀之。其綿微之狀況如此。豈得以言發展乎。故吾人對於以亞細亞之先覺者。指導者。文明之勝利者自任。而欲唱霸四方之新興帝國國民。不憚大聲疾呼。此後氣宇務宜開闊。眼光務宜遠大。須知天與我以黃色之皮膚。實使適存於溫熱二帶者有何酷暑之足恐耶。

南洋之範圍

從來世人之言南洋者。未嘗有一定之範圍。或限於英屬海峽殖民地及荷屬東印度各島。或加以安南暹羅緬甸各地。或更加以美屬菲律賓。葡屬基木爾。及英德葡三分之新基內亞。又有以北自臺灣南至濠洲宛然佔全地球四分之一以爲範圍者。然見解不同。要亦從各人便宜上之取捨而已。但以安南暹羅緬甸臺灣濠洲加入南洋之中。不無不妥之處。吾人茲以馬來半島荷屬東印度諸島（含英屬婆羅洲）新基內亞及菲律賓各處。總稱之曰南洋。似較適當。本書所記。除新基內亞及德屬諸島外。菲律賓亦從略。因菲律賓不僅已熟人耳。且其土地人情皆大異趣。故略焉。

▲南洋各國領土一覽

地名	面積	人口
英屬海峽殖民地	一八一九方哩	七一、四〇六九人

馬來半島	五、一一五〇	一九六、一五八五
荷屬諸島	七三、六四〇〇	三八〇〇、〇〇〇〇
英屬婆羅洲	七、三一〇六	七〇、〇〇〇〇

▲南洋各國貿易一覽（一磅約中國十元左右 一盾約中國八角餘）

地名	輸入	輸出	合計
海峽殖民地	四二五二、一五七六磅	三七八二、二一四二磅	八〇三四、三七一八磅
馬來聯邦	六二一一、三〇九九磅	一一九九、九三九九磅	一八二一一、二四九八磅
荷屬諸島	二、四五二九、四八〇二盾	四、五二五九、七八三一盾	七、九七八九、二六三三盾
英屬婆羅洲	一二三、一四一一磅	一四八、八九七八磅	二七二、〇三八九磅

（備考）右表乃係一九一〇年及一九一一年之統計其爲英屬者據英國政治年鑑荷屬者據巴城政廳之報告

馬來聯邦以外之英國保護領土如柔佛王領及馬來北四州因未詳確故未列入下表倣此

▲南洋各國屬領財政一覽（一九一〇年及一九一一年份）

地名	歲入	歲出	合計
海峽殖民地	一〇八、九二三八磅	八七、八七六二磅	一九六、八〇〇〇磅
馬來聯邦	三〇九、七八五一磅	二七五、三一七一磅	五八五、一〇二二磅
荷屬諸島	二、二〇八三、四一一二盾	二、二六八九、四二〇三盾	四、四七七二、八三一五盾
英屬婆羅洲	四一、一七七九磅	二五、二二七九磅	六六、四〇七六磅

上記三種之統計表讀者翻本書之際幸常反覆熟覽蓋南洋各地之狀態均縮寫於上表也茲更附下表以供參考如左（以一九一〇年份爲基準）

參照

- 日本內地之面積　一四、七六五五英方哩（除朝鮮樺太臺灣）
- 日本內地之人口　五〇二五、四四七一人
- 日本帝國之財政——
  - 歲入五、四八二五、〇三一四圓
  - 歲出同上
  - 合計一〇、九六五〇、〇六二八圓
- 日本帝國之貿易額
  - 輸入　四、六四二三、三八〇八圓
  - 輸出　四、五八四二、八九九六圓
  - 合計九、二二六六二八〇四圓
- 日本對南洋貿易——
  - 英屬
    - 輸出六五四、九六六一圓
    - 輸入四六一、五九八一圓
    - 合計一一一六、五六四二圓
  - 荷屬
    - 輸出三一一三、三五九八圓
    - 輸入一八八七、九五〇一圓
    - 合計五〇〇一、三〇九九圓

就其面積人口財政及貿易額之權衡。靜默而細察之。更以我日本對南洋之貿易額與前揭之統計表相對照。則此間隱曲。實不能不令人生無限之感慨也。

第二　南洋之咽喉新加坡

（英領海峽殖民地之一班）

一位置及歷史

東西交通之關門

新加坡爲東西兩洋之關門。扼世界交通上最重要之地點。故有南洋咽喉之稱。遊南洋者。苟欲視察南洋各地之情形。無論何人。必先駐足新加坡。以作各種之準備。及修得關於南洋各種之知識。簡言之。卽新加坡者。南洋之中心都會也。南洋文物之會萃點也。由我國之往南洋者。必繫船於此。藉以暫解旅裝。不問其由橫濱神戶長崎臺灣或日英德法各國郵船。無有不至新加坡而能踏南洋之土者。

舊式之新世界

占如此重要地位之新加坡。實在馬來半島之極南。與柔佛王國可以互相呼應之一孤島也。長二十六哩。幅十四哩。周圍六十六哩。偏東西稍作圓狀。地形概平坦。中央最高之處。海拔不及五百九十尺。丘陵起伏。於其間。東南向大洋。其殷盛之市街。卽在此島之南端。

馬來人稱獸王曰新加。島曰坡。新加坡之名。卽獅子島之意。梁史所謂頓遜國。海上千餘里其市東西交會日萬餘人古屬暹羅(扶南)由印度之渡海至中國者此爲通路無疑明史有記載馬剌呷事甚精詳佛教亦於西歷紀元前二三世紀之頃逾馬來半島傳播於蘇門答剌等處然滄海桑田昔日之盛地今已供西力東漸之犧牲如印度然悲慘黑暗之運命已向馬來人之國而襲來蓋現時之南洋實全部由英荷西葡之海上競爭所發見所開拓之舊式新世界也

英國之南洋侵略

十六世紀以來西班牙葡萄牙先著祖鞭互相爭奪印度洋與中國海間之海上權力其後荷蘭與英國復相繼勃興英國侵入南洋最遲當時荷蘭之勢力及領土實爲其最大勁敵故欲與荷蘭爭霸東方必先據形勝之地以定百年之長計一千七百八十六年大佐雷德氏探查馬來半島之結果發見西部海岸之檳榔嶼遂迫吉打酋長將該島賣與英國此乃英國海峽殖民地史之第一章茲姑不贅述然檳榔偏在於西未足爲伸長東洋勢力之策源地時在蘇門答剌之英人拉勿兒斯氏其慧眼早觀破新加坡將來之重要獻策於印度太守赫斯卿遂於一千八百十九年以六十萬弗之報償及歲納年金二萬四千弗之契約向其主人柔佛王獲得一切

之經營權。自此英國海峽殖民地之基礎乃鞏固。而馬來半島之全部。遂不久而爲其保護領土。以大告成功。當時僅有半商半賊之中國人一百五十名。及馬來人五六十名。一蕭條之新加坡孤島。翌年一躍而增至五千人。壓倒附近諸市而日漸發達。以至於此。

海峽殖民地之沿革

一千八百二十年英國之海峽殖民地。僅前記之檳榔嶼新加坡及馬剌呷三處。其後又得馬剌呷之北方海岸名特因特之地。及從吉打支丹割得檳榔嶼對岸之威士雷。於是其全地域遂達一千八百十九方哩之廣。據前年之調查。人口七十一萬四千餘。其中三十一萬一千餘。均住於新加坡及其附近。故新加坡之繁榮。於此可以想見。拉勿兒斯氏於開港後十三年。將設置於檳榔之東印度公司支部。移置新加坡。以總轄南洋各地。至一千八百五十八年。始由印度總督府接替東印度公司管理焉。至一千八百六十七年。乃編入英國王領殖民地。合檳榔馬剌呷等共稱海峽殖民地。直隸於英國政府。特任克恩納斯氏及馬溪遜氏等相繼爲總督。新加坡之隆盛。遂益聳世界各國之耳目。終成東西交通之咽喉。

二、行政組織與財政

英國之殖民政策

英國之殖民政策世界各地到處成功。列强皆羡慕之以爲模範。然就其制度觀之。又皆處處異轍。如濠洲坎拿大幾如離本國而別立者。其自治精神之盛。決非普通所謂附庸的屬領可比。各有獨立之議會。其議決之効力有可變動其母國政策之勢力。印度及海峽殖民地則不然。雖有總督太守以膺統治之責任。然本國之指揮權頗强大。諸事須待決於母國之殖民大臣而後得施行。蓋濠洲坎拿大二處。已有無數英國民移住於彼。事實上英人已爲其地之主權者支配者。故可依英人固有之自治的美風。尊重民權。至若印度及海峽殖民地。則英人之移住者極少。稍一不愼。卽有被脅於土人之恐。故不得不强固官權。嚴立治者與被治者間之關係。若英國以濠洲坎拿大之立法權付與印度及海峽殖民地。則由最多數之印度人及馬來人所選出之代表參議一切。恐英本國之利益。必不免橫遭減削也。

王領海峽殖民地制度

海峽殖民地自編入王領以來。英國政府特設一總督。年俸六千五百磅。其下設民政長官及檳榔馬剌呷兩支廳長、檢事長、財務局長、出納土木兩長官、及守備隊司令官。共官吏八名。形式一行政參議會。更於上八人外。加檳榔新加坡兩商業會議所之代表員與由有英國臣民權利之納稅者選出之非官選議員五名。組織一立法參議會。總督兼攝兩議會議長。行一般之政務。然此等議會由表面觀之。宛然有立法行政之區劃。若一精察其議員之資格。則此等議會。不過一種形式上之機關其實乃一諮問會而已。況總督有評決採否之自由權。且又立於本國殖民大臣絕對的監督權之下也哉。

總督之地位

關於海峽殖民地所尤當注意者。(一)往時該地曾隸屬於印度太守之下。故由歷史上之關係。印度法律之大半。皆通過於海峽殖民地之立法參議會。而至今沿用。(二)海峽殖民地總督職權中。含有掌管馬來聯邦及英屬婆羅洲方面最高政務之權限。其他對於未加入馬來聯邦盟中之各保護地酋長。(如新獲得之馬來北四州)其懷柔任務亦有仰待總督之[illegible][illegible]地位者。故海峽殖民地之總督。其位置實甚重要。然總督府之官房。僅不過用傳令官一名及秘書官一名。其組織之簡易。誠不愧為英國式之特徵也。

海峽殖民地之財政

轉覩海峽殖民地之財政。依一九一一年末立法參議會所議決之一千九百十二年份豫算案。收入總額。共九百五十四萬九千五百餘弗。（一弗約中國一元二角）支出總額。共一千一百六十萬八千餘弗。其支出之不足。以一九一一年份之剩餘金六百萬弗補充之。計其收入主項。爲港灣收入、許可稅、政府事業利益、罰金手續用費郵政電信鐵道利益、政府財產借貸金及金庫利息等。就中政府事業中最大之財源。爲鴉片製造及專賣。其收入豫算。計四百十二萬弗。實占總收入額十分之四有餘。（以市價漲跌不定之鴉片爲主要財源實屬不妥且利用中國人之嗜好而收此人道上最忌之財源亦大不可此爲各國識者所痛論印度人亦罹此病中英兩國間之國際問題此亦其一也茲姑不論）次之爲一百二十萬五千六百弗之酒稅。及七十五萬弗之印花稅。惟新加坡爲自由貿易港。故收入之中。無海關稅也。

其支出之主項。以土木事業爲最多。一千九百十一年份之經常及臨時費。共一百二十五萬四千弗。一千九百十二年增加至一百六十八萬一千三百餘弗。蓋土木事業。爲開發殖民地之第一急務。而海峽殖民地之歲出入。亦遂年年膨漲。計一千九百十年之支出決算額。爲七百五十五萬二千二百餘弗。至十二年份之豫算。竟超過一千一百萬弗。是亦與世界趨勢同一步調者乎。

其既發之公債。計船渠局發行之（四分利）四百四十四萬三千二百磅爲最多額。次之爲新加坡市債（四分半利）四十四萬二千八百磅。政府公債（四分利）三十四萬六千磅。及檳榔市債十二萬一千三百磅。（譯者按本年一九一四年四月下旬又發行公債四百五十萬磅當加入）新加坡及檳榔兩市皆不置市長。有市政局。隸屬於殖民廳。處理家屋水道家畜等稅。以司全市之財政。其市參事會中。中國人亦有被選舉權。（譯者按閩人陳武烈現被選爲市參事會議員）

軍事上之設備

若夫軍事上之設備。計礮兵二連。步兵一營。工兵半連。爲主力。其他有印度步礮兵附屬隊及潛航艇隊。英國兵數共一千六百五十八人。連印度兵總計約二千五百人。此外尚有若干之義勇隊。及駐屯於檳榔之射擊隊。此乃海峽殖民地兵力之全部。其軍費統由海峽殖民地負擔。即殖民廳之歲入中除郵政電信及土地貸金二項外。以其百分之二十爲法定額。一千九百十一年份之軍費額共一百五十五萬弗。外經常費五萬四千三百餘弗。及特別費三千零五十弗而已。以較我國之於臺灣及朝鮮。大異其趣。實不得不謂爲一極有興味之事實也。

三、貿易趨勢與日本

海峽殖民地之貿易

吾人由平面的觀察以論海峽殖民地之政治經濟。似太乾燥無味。茲欲進而研究其活動之景象。故不得不先觀察其貿易之狀態。

海峽殖民地之貿易五年前之輸出入總額爲六億萬圓。此後年年約增進其五分至七分之數。其進步頗遵循軌道。試參觀左表。

▲英領海峽殖民地貿易一覽表

年次	輸入	輸出	合計
一九〇八	三六九一、二九〇〇磅	三一九四、五四〇〇磅	六八六五、八三〇〇磅
一九〇九	三六五五、八四八二磅	三二八〇、四七〇〇磅	六九三六、三一八二磅
一九一〇	四二五二、一五七六磅	三七八二、二一四二磅	八〇三四、三七一九磅

卽一千九百十年份之貿易總額爲八千零三十四萬三千七百十九磅。合日本幣

爲七億八千四百餘萬圓。同年我日本之輸出入總額爲九億二千二百餘萬圓。較之英領海峽殖民地各港之貿易額相差僅一億三千四百萬圓而已。然我國同年之財政歲出五億四千萬圓。而海峽殖民地僅僅八百七十餘萬圓之歲出。此實足以令人愕然者。

▲一千九百十年海峽殖民地各港貿易表示如左

港名	輸入	輸出	合計
新加坡	三一八七、二六六三磅	二七四〇、八六五四磅	五九二八、一三一七磅
檳榔	一二〇八、二六四二磅	一一七二、四九九八磅	二三八〇、七六四〇磅
馬剌甲	七七、六三九九磅	八七、七二四三磅	一五六、三六四二磅

觀上表而新加坡之勢力可知矣。能不令人驚歎拉勿兒斯之先見及其偉業也歟。英人通商政策之巧妙及其努力。於此實可以見一斑焉。一千九百十年七月起至一千九百十一年七月止一年之間。新加坡丹容巴加碼頭停泊出入之船數共二

千四百艘。總噸數約四百七十萬噸。其裝卸之貨物共二百三十萬噸。檳榔嶼則僅一百四十九萬噸。馬剌呷則更微弱不足言矣。此又可以卜新加坡地位之優勝者也。惟年來研究中之馬來半島西部之蘇香亨港。待東北縱貫鐵道計劃告竣後。果能確如豫料日臻隆盛。則與蘇門答剌島之沙板港相呼應。或即異日新加坡之有力競爭港也。即不至全部衰落。而將來馬來半島東北部開拓以後。其一部份之貨物。必西向出蘇香亨港。惟至此時東南兩洋之交通。必更繁盛。而一切貨物。亦必隨之以激增也。

據一千九百十年之貿易表。舉其主要之輸出入品如下。

▲海峽殖民地主要貿易品

輸入		輸出	
品目	價額	品目	價額
米	四三六•六五四七磅	錫	八七九•七二九六磅
鴉片	二二一•四六一七	橡皮	四二八•五四五九

木綿類	一七四・八八八九	椰子仁（即椰干）	二二五・〇一六一
魚類	一一一・四二五九	香料	一六九・〇九三二
紙煙	一〇〇・一六五五	樹薯	九二・九七四八
煤炭	七九・〇八八九	甘密（染料）	六七・〇七一四
糖	七七・五一七六	藤類	四六・四一一七
鐵類及機械	七四・二四三六	獸皮	四三・二二三九
煤油	二八・九九六七	波蘿	二一・〇三五七

日本與海峽殖民地之貿易狀態

上列各主要貿易品年年順序增加。實屬最可注目處。尤要者。橡皮及錫之產額增加。可以支配馬來半島之富源。斷非過言。其他輸入品除鴉片外。米、木綿、煤炭及機械類之增進最速。亦足徵其發達之趨向也。雖然我日本之對海峽殖民地其貿易狀態如何。此吾人所最有興味而急欲觀察之事件也。今先錄最近數年來之統計如左。

▲日本對海峽殖民地貿易表

年次	由日本輸出	向日本輸入
明治四十年	五七六・七五六三圓	三〇六・二三五八圓
四十一年	五三四・四一二六	二七〇・二二一四
四十二年	五六六・一五八九	二九七・二一九五
四十三年	六五四・九六六一	四六一・五九八一
四十四年	七一〇・五七一五	四八一・六六二六

以此與海峽殖民地總貿易額對照。輸出僅占百分之二。輸入更少。然則我國通商之宜大加發展。豈不明瞭顯著哉。茲列其主要貿易品如左。

日本之主要輸出品		日本之主要輸入品	
品目	價額	品目	價額
煤炭	二五三・八六四一圓	錫	一六三・七六七六圓
火柴	九七・〇四一四	橡皮	一三八・三三〇二

綢類	二九・一八一四	生綿	四三・三九二五
人力車	二四・〇三一七	貝殼	四二・七〇七三
錫	二一・四二四一	亞鉛	二五・三〇〇五
玻璨器	二〇・一七二〇	藥材	一一・一八六五
洋傘	一三・一九六〇	藤	九・六八六九
貝柱	一二・一三五九	椰子仁	三・四六二〇
綿製浴巾	一一・二六四五	椰子油	三・五五一八
綿製縐布	九・〇四四九	羊皮	一・〇一九八
賣藥及藥材	八・四七二二		
陶磁器類	七・四一九二		
綿布	八・八〇〇〇		
椎茸	七・三四一一		

（注意）其餘零星物件，略之不記。（明治四十四年調查）

關於日本輸出品之觀察

以上所記不過大略。卽我國之向海峽殖民地輸出者。以九州煤炭及火柴爲大宗。年年多少不無差異。而近年愈形增加。九州煤炭至四百萬弗。火柴達一百五十萬弗。惟吾人所最遺憾者。英國每年以六七百萬圓之綿紗與約二百萬圓之染色綿布。輸入海峽殖民地。而我國所輸入者。不過上表之數。未免過少。英國所輸出之綿布。係黃褐色與白色二種。供夏季洋服材料之用。南洋一帶需用甚廣。且南洋人文年年開化。中國僑民漸漸奢華。此後銷路有增無減。乃我國商家坐視此等絕好顧客。不熱心擴張販路。誠不解其爲何故也。日本綿布頗投熱帶地方之嗜好。若更能織成質地較薄之良品。必得大受歡迎。其次爲工藝品。其精製者。尚不足與歐洲各國對抗。若夫粗製者。則因我國傭工賃率之低廉。故將來競爭之餘地甚廣。試觀年來對南洋貿易。錶雖失敗。鐘則成功。玻璃器具之精製者。雖甚受德比諸國之壓廹。其粗製者。卻皆制勝歐洲各品。而市場幾爲我獨占。他如橡皮受液器。不久必有莫大之需用。尤宜先爲注意。火柴一門。曾與瑞典竭力競爭。而始得制勝。此等商業競爭上之好教訓。我國人當尚深刻腦中而未忘者也。此外若綢類、洋傘、陶瓷器等。

均極有望。姑不贅焉。惟尚有一言。不能不告我當業者。卽今日占我輸出品首位之煤炭。近在柔佛及雪蘭莪等處有自行採掘之計劃。則將來我國煤炭。必遭打擊。可補此缺陷者。厥維水門汀。蓋此物將來需用必甚大也。每年由各地輸入新加坡之水門汀。約二十五萬樽。而我國則僅於兩三年前始送樣品而已。蓋日本水門汀之缺點。並不在其品質。惟因樽之構造粗惡。輸送之時每易破損。此當業者所最宜留意者也。(後編參觀)

對於輸入品之所感

我國之由新加坡輸入者。以錫與橡皮爲大宗。錫爲馬來半島第一之特產。占世界總產額十分之六。僅霹靂洲之德路拿一山。一年間產出之錫。在六萬五千擔以上。(參觀後編)橡皮雖近年始發達。然其進步之速。實爲天下所稀覯。其輸入於我國者。明治四十一年。計五十七萬八千弗。至四十三年。一躍而至一百三十八萬弗。回顧明治三十九年時。僅五萬五千弗者。則此四五年間。實增加二十餘倍。可謂貿易界上之破天荒也。橡皮種類極多。從來我國所需用者。爲喀達拔、御下等喀達、因特伊亞、巴拉及婆羅洲之五種。惟徵之明治四十三年所需用者。則以婆羅洲之九十九萬弗。因特伊亞之二十三萬弗。巴拉之十四萬弗等爲主。現日本人在南洋栽植之橡皮。皆爲巴拉種。將來此事業逐漸進步。則日本對於南洋之關係。愈形密切。而藉此以開通商貿易上之新生面。可拭目俟也。

四、港灣設備與金融

日英同盟之偉力

前年春。倫敦特里梅報登載一論。謂急宜以新加坡爲完備之海軍根據地。藉以控制太平洋之關門。若然則印度洋宛如我英國之池沼矣云云。惟目下日英同盟之効力猶存。藉日本之友誼得保證東方之無事。而英國遂得安然移其有力之軍艦於歐洲海上。以備歐洲大陸之一二強國。試南航中國沿海。出香港訪新加坡。更橫斷印度洋一視之。其間英國領土。大半、均無十分之海軍駐在。形同放棄。由此觀之。則日英同盟之價値。誰能不喫一驚哉。雖然德之鐵血公不以德墺意三國同盟爲安心。切言德帝國不得不仗自己之兩足以獨立。穩健之英國政治家亦然。熟知英國百年之長計。不可專賴日英之同盟。故特里梅報之國防論。遂見諸實行、

大規模之船塢事業

五年前新加坡丹容巴加船塢公司所經營之碼頭及船塢一切。竟以四百四十四萬磅爲

殖民地政府所買收。新設一事務局。專司經理。其規模之大。殆與東洋誇爲第一之長崎三菱船塢公司相等。現雖僅適於二等巡洋艦之修理。恐不數年而篤級大戰艦之修理亦可期也。

新加坡之將來

丹容巴加在新加坡市場之西端。由此地沿海岸向西南。即他日建築軍港之豫定地。海上島嶼環布。形成一內海。水深波靜。便於大船巨艦之停泊。若以此處定作海軍根據地。與濠洲海軍相接應。無異於將太平印度兩洋縱斷之而築一長城於海上。噫。漂渺無涯之印度洋。竟爲英人之池沼哉。故此後新加坡市街必向東方膨漲無疑。蓋丹容巴加埠頭之煤炭堆積場。今已有狹隘之嫌。加之荷屬蘇門答剌島西北端之沙板港開港以後。頗有欲減殺新加坡盛運之勢。故丹容巴加南邊。英人竟不惜重貲。開山掘土以塡海者。無非對於沙板港競爭上築應戰之基礎而已。

全市之設備與交通

英國之重視新加坡爲海峽殖民地及東南兩洋之勢力根據地如此。故英國之傾心經營新加坡亦非尋常。凡交通、金融、衛生及其他諸種之設備。皆有汲汲不遑終日之勢。各市街規矩整然。不許人濫建屋造路。有十六哩之電車道。三千哩之電話綫四百臺之馬車。一萬輛之人力車。至前年又加汽車數百輛。（譯者按今則人力車已達二萬汽車已千餘輛矣）此外復築南北縱貫鐵道。自市之北端巴戛起。至島之北角鬱律渡頭止。再由此渡過四分之三哩之海水。與馬來半島縱貫鐵道之起點柔佛巴耳相接。又因渡峽不便。市議會已議決駕一大橋以連絡之。該地人民又嘗運動於暹羅馬來間築一橫貫鐵道。自盤谷起西向與馬來半島之縱貫鐵道相接。而出馬剌呷海峽之尖端。若果告成。則新加坡之新運命。確可刮目以待。然地理的關係。其幹綫尚不如以出檳榔嶼爲便。惟卽使如此。而將來東北縱貫鐵道告竣。經吉冷丹彭亨而達新加坡時。則其發達實有足觀者。

金融機關

年額八億弗之貿易之新加坡。其金融機關。以渣達銀行及匯豐銀行兩分行最爲重要。均許發行銀行紙幣。其他世界有名銀行。如紐育之中央國家銀行。倫敦之印度商業銀行。法國之匯理銀行。荷蘭銀行。道勝銀行。各分行外。我臺灣銀行亦於前年九月設分行於此。故與世界各地之金融機關。已互相連絡。此外又有中國人開設之銀行。（譯者按前爲廣益銀行今則已倒惟去年又新成立一華商銀行而已）

五、風土氣候及衛生

風光明媚

船離香港。漂搖於蒼溟之間者五日。及將抵港時。見綠黛如畫之熱帶植物。隱現於模糊之間。此時也誰能不歎賞其風光之明媚哉。雖曾聞有鰐魚猛獸棲息於此。而天然之美觀。終不可掩也。予自新加坡上陸後。見南面海岸樹木整列。鬱鬱然上蔽空而下挾路。車馬均馳逐於其蔭。路之左方草地上。則此獅子港之建立者拉勿兒斯氏之銅像。巍然兀立。右方則連檣如林之海上。實令人起無限之感慨。此附近之風光。至日暮而愈佳。或憑欄干以迎颸風。或躑草地以賞海景。但見無數燈船動搖於波間。誠清夜之勝遊。襟懷暢爽之處也。更向市外約二哩許至丹容加東椰子林中。有海望樓。其地風景清幽。俗塵不染。北方市外有水源地。（俗呼自來水池）新加坡市政局所管理。供新加坡人飲水之用。宛然成一小湖。四面綠林環繞。風光明媚。亦足算新加坡名勝之一也。

遊覽名勝

市之中央。有拉勿兒斯紀念博物館及圖書館。博物館中。凡南洋各地之禽獸、蟲魚、介殼之標本。蒐集甚夥。如新基內亞之極樂鳥。蘇門答剌之大蛇。婆羅洲之玳瑁。馬來半島之虎及鱷魚、猩猩、猿猴、大象等類。盡南洋水陸產品。網羅殆盡。其他馬來土人之製作品、武器及各種器具。亦多陳列。不獨酷似我國太古上古之風俗。竟有多數與我國完全相同者。此實最有興味之事實也。自博物館一哩許。至世界有名之植物園。凡南洋之珍草奇木。蒐集無餘。令人低徊顧望。久之不能去。其次為摩罕默德禮拜堂及印度教徒之寺院。殿宇之中。陳設珍奇怪異之圖畫。院中僧侶。先與參拜者以少許之白灰。而後募錢。凡印度教徒兩眉之間額之中央所塗者。即此灰是也。（其意乃表示不說虛話。然此灰聞係以牛糞製成。其原始的迷信。誰能不歎其怪異之極哉。）此外有食品公開販賣場。（俗稱小菜場）凡獸肉魚肉青菜菓物等皆備。盛大清潔。可以感服。屬於市政局。尚有中國人馬來人之演劇場。每晚九時開演。至十二時。迎相當之觀客。

氣候溫度之調查

由上所述。讀者必疑我為忘卻該地之炎熱也。不知新加坡雖在赤道北八十哩之處。其他海峽殖民地全部。亦均在熱帶圈內。然其暑熱之程度。卻不如吾人平日想像之酷烈。前年新加坡之最高溫度為八十七度。最低七十三度九。平均為八十度七。降雨總量為八十五吋四分。每年十月以後六閱月間為雨期。其溫度與東京之陽曆五六月相彷。其他六閲月爲乾燥期。與東京之陽曆七八月無大差。且每夕驟雨傾盆之後。熱氣盡消。故夜間夜色清涼。從無熱不成寐之苦也。（譯者按南洋氣候常年與吾國上海之舊曆五月相彷間或有數日極熱時亦不如吾國漢口六月間之熱夜中仍須以夾被或薄棉被覆身可以想見矣）茲揭新加坡氣象臺所觀測之温度及雨量表於左以證之。（左表一千九百十年份調查）

月次	最高温度	最低温度	平均温度	雨量	降雨日數
正月	九〇度〇分	七二度〇分	八一度三分	五吋五六	一九日
二月	九〇•〇	七二•〇	八〇•五	一二•三一	一九
三月	九〇•五	七一•五	八一•八	九•七二	一五
四月	九〇•八	七一•五	八二•九	八•四三	一九
五月	九一•五	七二•六	八五•三	六•八五	一三
六月	八九•八	七二•〇	八二•六	六•六〇	一四
七月	九一•〇	七二•四	八二•一	六•四八	一六
八月	九〇•〇	七二•〇	八一•八	七•七四	二〇

九月	九〇•〇	七二•五	八二•五	一〇•九〇	一六
十月	九一•〇	七二•〇	八一•五	一三•九三	一二
十一月	九一•〇	七三•〇	八二•四	九•〇六	二一
十二月	九二•〇	七二•〇	八〇•九	八•〇七	二三

（備攷）表中之最高温度。不過一月之中暑熱酷烈之日瞬息間耳。非每日如此。大體觀平均温度可也。

降雨日中如霧雨陰天皆未加在內。且降雨之時。非終日雨勢連綿。一日不過一點鐘二點鐘或三點鐘之雷雨而已。（南洋全般之氣候、大略與本表相同）

黃色人種之發展地

人之身體。每依其攝生之善否。定抵抗力之強弱。我國人之遊南洋者。半係獨身生活。每染飲酒放逸之惡風。故自然有害其健康。非氣候之關係也。普通熱帶之風土病為腳氣及馬拉痢耶。（如霍亂症）然實際死亡者非必皆由此等病因。查一千九百十年入新加坡病院內之病人總數爲一萬七千八百八十九人。內死亡者二千六百二十二人。同年新加坡全市出生數爲六千四百四十八人。而死亡數爲一萬二千五百十一人。此等死亡超過出生之原因皆由馬來人印度人之不解衛生與中國勞働者之與氣候惡戰奮鬬過分遂傷其生。若歐美人一方面則死亡極稀。以彼等白色人種之透明皮膚日光可以直射內臟其刺激血管較我黃色人種劇烈。然因其有衛生知識。且均立於自衛容易之地位或職業上。故不易爲病魔所襲擊也。若僅就體質上論則熱帶地方之活動。黃人實較白人爲勝也。

衛生與醫師

新加坡之氣候。較香港尤佳。無疫癘流行等事。不僅道路溝渠均甚清潔。卽市外之家屋。其圖樣格式須經政廳承認。方可建築。舊屋欲變更窗戶或楷梯之位置者亦然。建築督監官所最注意之處爲通風及水溝。取締頗嚴重。其他家屋修理事。非常獎勵。每年定期有家屋檢查吏臨檢各家。遇蟲害或腐朽凡衛生上危險之處。必命家主改作。惟今日所最缺憾者。醫師與病院。尚不發達。蓋因南洋各地。除少數之文明國民外。其餘中國人馬來人。衛生思想皆未發達。而藥料價值又高故也。新加坡慈善病院由中國富豪陳德勝之捐助而建設現又得各方面之捐助規模逐漸擴大爲海峽殖民地第一之病院（譯者按陳君德勝已逝吾國人在此尚有一廣惠肇病院規模亦甚大）七八年前新加坡有志者相謀。創立一醫學校聘衛生局官吏及醫學者爲教習以期醫師之養成。今改名爲愛德華七世紀念學校。成績頗著。此外除普通病院及狂癲收容所并二三之德國醫生外有數名日本醫生尚博好評。（譯者按吾國醫生如林文慶柯辛吉諸君均係留英多年得醫學博士學位者在新加坡聲譽亦頗隆）雖荷屬各島當局者每嫌忌日本醫生在彼開業。而英屬則甚歡迎也。如上所述以此少數之病院及醫生僅能供上中流人士之要求。故海峽殖民地政廳。又爲一般下級社會之衛生起見特制定勞働者健康條例。凡使用十人以上之勞働者之園林各業主均須供給醫藥及留意衛生。故邦人之經營橡皮事業者。無不遵從其條例。聘用日本醫生。

自治自由之地

六、教育宗教及風俗

英人者。愛自治自主自由之國民也。雖海峽殖民地之政治組織。因統治上之必要。不得不傾向於官權主義。然其對於教育宗教風俗習慣等。仍執其英人固有之態度。海峽殖民地之教育。英國極視爲重要。各地建設小學校。獎勵普通教育。卽馬來半島之保護領土。亦到處有英人設立之學校。現在新加坡之英語學校學生約在六千八百人以上。馬來語學校學生約一千三百人。而其關於宗教習慣等事絕對不加干涉。蓋彼等深知亞細亞洲之人民。其宗教思想較國家觀念尤重。故不論印度教、佛教、摩罕默德教。皆放任自由。有時或由政府代建廟宇。以爲懷柔之計。

基督教之活躍

雖然各教中最有活氣最富知識者。爲基督教。蓋摩罕默德教近已無教義可見。既無宣教師。又無說法者。惟各人自至殿堂禮拜。默領天使之神旨。故其自守雖嚴。而擴張傳道之念則不足。佛教亦然。印度教亦然。僅能依其殿堂之建築格式。與死亡送葬時。路上行列儀式之不同。分別其爲何教而已。基督教之活動則不然。其中天主教之基礎尤爲堅固。凡新加坡中流及下流二階級家庭之兒童。大半皆入法國天主教徒及葡萄牙天主教徒所經營之學校。且其校舍皆極宏壯。彼等在馬來半島西岸之馬剌呷地方。三百年來早立有孤兒收容所。故葡萄牙人今日之運命。幾不能保其昔時之餘喘。而在南洋各處。猶能以寺院之名。寄託其生命也。天主教之外。英國國教及美國之美以美教會。亦盛傳播。均經營學校事業及兒童寄宿所等。美以美會尤到處活動。純係美國式。自營書肆及印刷所。其學校稱爲英文學會。以教中國人英語爲標榜。另有女學校。亦專教授多數之中國婦人。蓋美以美會在海峽殖民地之傳道事業。作爲中國內地傳道之一部觀可也。基督新舊兩教支配南洋人之階級者。一言以蔽之。新教則教育上流中流社會之人民。舊教則統中流下流社會之人民。執慈善的方法。以行教育者也。

人種博覽會

新加坡者。一人種博覽會會場也。無論何國人皆集於此。各用其特有之風俗言語。歐美基督教民之來南洋者。大半皆係獨身。往往以東亞婦人爲妻妾。遂生一種所謂歐亞人之混血兒。故各種風俗。愈出愈奇矣。

馬來土人皆係摩罕默德教徒。故與印度及阿剌比亞所來之同教徒。往來頗密。彼等以脫帽露頂爲極無禮。愈接顯貴。愈不脫帽。雖英人法廷。不論傍聽者之爲何人。皆須脫帽。然獨對於摩罕默德教徒則不然。許其冠帽如常。且此等教徒自有其曆日。陽曆八九月中之某日。爲其元旦。元旦前一月間。自日出以至日歿。終日斷食。惟飲水而已。蓋此爲其教祖傳下之遺訓。所謂在家修行。使親嘗世間飢渴者之苦。涵養其博愛同情之念也。然其宗教上之束身自律雖如此。而馬來人之性質實純粹之樂天者。其所演之劇。始終不外與神仙有關之言情的嬉劇。千篇一律。皆不出其範圍。彼等男女之間。有所謂魔術者。或男魅女。或女魅男。均無不可。或謂另有一種魔藥者。眞僞姑置不論。惟我日本醜業婦往往被彼等誘拐。陷入其部落者。實不可掩之事實也。

有高等動物園之感

英人因欲開拓其南洋領土。亟待勞力之供給。故極力用意於招徠勞働者。雖名爲南洋鎖鑰之新加坡。風儀上亦無共同之標準。但能無害於事。則百事皆可從寬。故朝衣朝冠之盛裝。與跣足裸身之蠻俗。相雜於市中。若自風俗統一之邦來遊此駁雜無比之地。左右前後。幾於舉目皆怪。大有入高等動物園之感。惟此地虐待動物禁律甚嚴。吾人若由市場購一雞。倒懸之以行。巡警見之。輕則叱咤。重則必處以五十弗以下之罰金。

方言共二十六種

此駁雜之民衆中。占最大多數者爲中國人。然大半係廣東、福建、或瓊州等處人民。

其本鄉之言語各異。雖同爲中國人而各不相通。實爲最大阻害之事。依前年三月。調查人口之官吏報告。謂海峽殖民地七十餘萬人所用之語言。共有二十六種。然是等異人種雜居一處。萬不可不有一普通語以相交接。於是因馬來語之最簡單而易學也。遂成爲南洋之普通語。卽中國之廣東人與福建人瓊州人相交接時。亦反以用馬來語爲便。故遊南洋者最初當學之語言。非英語、非中國語、實馬來語也。（譯者按吾國語言不統一實爲文明進步上及國民的團結上之一大障礙）

各種日報之發行

馬來語之用處。不過供日用淺近之交接。至其思想文學。均不足取。故文字可以不學。雖馬來人自身。大半不解文字。試觀新加坡之二三馬來報紙。其發行數極少。「回敎之愛」一報。合馬來半島、蘇門答剌、爪哇、婆羅洲各地方之讀者。尚不滿七百人。可以想見。他若中國人報紙。有總匯日報。爲康梁一派所辦。南僑日報。爲孫黃一派所辦。現兩方均在謳歌革命之成功。（譯者按總滙報尙仍舊南僑報已改爲國民報矣一則提筆卽亂罵逆賊一則開口卽專制官僚已不如非上君來遊時之舊觀矣）英文報紙。有海峽時事。及自由新報兩種。凡人格高尙者之言論。無論至何社會。必占勢力。故在此混雜之新加坡社會。亦以此兩紙爲最有勢力。對於日本人。尤時作種種勸助之論文。該報主人。在日俄戰事時。頗有功績。故我國會授以勳章者也。

日本人之敎育宗敎及墳墓

敍至此、吾人對於吾日本人之狀態。有不能默默者。卽敎育、宗敎、墳墓、三問題是也。占邦人大多數之醜業婦、固不必言。而所稱爲紳士紳商者。其對於日本兒童之敎育。每等閒視之。此何故歟。新加坡之日本兒童。其已達學齡者。不下五六十人。若加以檳榔、及馬來半島。幷南洋各島之居留者。而盡網羅之。遑論區區數小學校。雖中等程度之敎育機關。亦萬不可缺者也。至於宗敎。一層。僅於新加坡之北三哩名色龍銀處。有一寺。附屬於日本人共同墓地而已。西人有言。欲觀殖民地移住者之發達與否。可視其共同墳墓之規模以爲斷。噫、西人之重視墓地如此。我國人之在新加坡者。無此等遠圖。偶有薄命同胞。死於異域。不過如斃馬斃牛。埋骨於刑人墓地之側。幸其後故二木多賀次郎翁。慨然奮發。刻苦多年。購得其大如掌之地於色龍銀。共十二英畝。此共同墓地購定後。於是有共濟會之設。在留同胞全部充作會員。月納會費二角半。以充死者及遺族弔慰之需。竊念埋骨故鄉。人所同願。惟有渡海而雄飛四方之壯志者。不可無四天四海皆皇士之精神。西人每至一處。必先築學校、教會、墳墓三者。良有以也。吾人於此。不得不促吾國教育家、宗教家之奮起。并熱望吾當局及在留紳士之覺醒也。（譯者曰觀於此而華僑愧死矣吾人不得不與井上君同口吻以熱望吾在留紳士之覺醒也）

日本報紙。有南洋新報自由評論等二三種。然其發行紙數。均微少不足言。此種人文的事業。竟反不如中國人。甚可歎也。滔滔短見之徒。汲汲以求得目前之小利為滿足。此吾人所以感慨無已者也。

七、各國人之勢力

人口統計

英領海峽殖民地政廳每十年一調查其領土內人口。據一千九百十一年調查之結果。總數為七十一萬四千零六十九人。茲譯如左表。

▲英領海峽殖民地人口表

歐美人		歐亞混血人		亞細亞人		合計
男	女	男	女	男	女	

中國人之勢力

新加坡	四一六六人	一六七三人	二四三九人	三三七三人	二一、四四五七人	八、七〇一九人	三一、一九三五人
檳榔嶼	七九二	四七〇	九六四	八二四	一六、九九八三	一四、〇九八四	二七、八〇〇三
馬剌呷	二三一	八二一	八四七	七三九	七、三九二三	四、八二六六	一三、四〇八一
合計	五一七九	二八九	四二三四	三八三三	四五、八三五七	二四、〇九七二	七一、四〇九六

更以人種分別之如次。

人種差別
- 歐美人七三八六人
- 歐亞混血人八〇七二人
- 中國人三六・九八四三人
- 馬來人二四・〇二〇六人
- 印度人八・二〇五五人
- 其他各國人三五二五人

日本人之在留數
- 新加坡　一三四六人
- 檳榔嶼　二七五人
- 馬剌呷　九二人
- 合計　一六一三人

中國人之多。實占海峽殖民地總人口之過半數。彼等大率皆市居。故新加坡及檳榔嶼二處幾占全人口之六七成。（譯者按市居者固不少然南洋各地雖窮鄉僻壤茅檐草屋之下亦無不有我僑民卜居者

〕且陸居人口以外。尚有水上生活者。在新加坡港內。浮小舟爲家。以載渡爲業。不論冠婚喪祭、以及養雞養兎之煩。皆在舟中。永不在陸上度夜者。有八千零六人之多。前英政廳調査人口時。均被漏網。噫、舟子小卒。亦皆爲中國人。豈非可驚之事實哉。前政廳調査人口時。均疑爲將課人頭稅。故一時逃匿。而再來者亦不少。蓋中國人之實數。實遠駕乎統計上所表現之數也。彼等在南洋勢力之大。或自稱爲南洋之豪。飽食數百萬之富者十餘人。擁數十萬金而活動於商場者。幾不可以更僕數。彼等之故鄉。大半皆廣東福建瓊州三處。其各種同鄉同業之團體。得選出新加坡市政會議員。以參與市政。不僅此也。彼等之商務總會。雖不如英國商會之帶政治性質。然其實力。可使殖民地政府與市政局。均仰其鼻息。若中國人一旦相率而去新加坡。雖萬能之英人。恐亦不能舉一事。尤甚者、新加坡交通機關上所最重要之人力車夫。亦盡屬中國人。曾有德人某毆打一車夫。致激此等勞働社會之公憤。竟全體罷業。而新加坡市民。至不能出門一步。後由市政局百方勸慰。始允復業。又往年廣東人以辰丸事件之故。實行排斥日貨。其風潮波及新加坡日本商店之被破壞者不少。甚至有數十中國商店、向係販賣日本商品者。此時竟將各商品一切燒盡在市場中。苟被其知爲日本人。雖日用上萬不可缺之米鹽。亦不售賣。至我同胞悉陷於孤立之境。至今聞中國人之排斥運動。尚覺滿身戰慄者。蓋英國殖民地之開拓。其需用之勞力。除中國勞働者外。不易他求。故彼等在南洋方面。雖甚受侮辱而亦甚受歡迎也。

中國人忍耐力之大。黏著性之富。爲世界冠。已爲世人所熟知。新加坡在住之各國人。皆畏酷熱。厭徒步。出入必以車。故新加坡之人力車約一萬輛以上。此等中國人力車夫。約占本市總人口二十六萬九千六百餘人（一九一一年調查）之十分之一。彼等營營逐逐於牛馬之業。爲各國人所不能爲。不知怨。不知羞。惟一意奮鬭不息而已。其每日收入一弗乃至三弗。且頗知貯蓄。此外僕役、廚司、打掃夫等一切勞働者。亦皆中國人。月得八弗乃至二十弗不等。然皆能節用省食。以蓄積之。

馬來人之怠惰

觀上表。中國人外。占次多數者。爲當地主人公之馬來人。彼等因歷史上之關係。應有相當之勢力及位置。然其性質怠惰。無向上自立之精神。以三十萬人口之新加坡。不見有馬來人所經營規模較大之一商店。其遊逸放蕩可知。蓋熱帶地方。果實草木自然生長。馬來人受此天然之恩惠。其生活易而勞力少。久之遂失其奮發之氣耳。馬來人特有之職業。爲馬車汽車之車夫。其他不過從事下級船員與下級巡查。月得七弗乃至十弗而已。

印度人及其他各地人之職業

鐵路站員與車長及轉運師等多用錫蘭人。又因中國勞働者之不足。用印度他米兒種人以補充之者亦不少。彼等較中國人遲鈍。惟價廉與絕對的服從性二者。極爲雇主之利。又機敏小智之孟買商人。高利借貸之一種印度人及營房屋業之阿剌比亞人。數雖不多。亦保有相當之勢力。此外尚有爪哇勞働者。雖新加坡等都市上甚少。而散在各地者甚多也。

歐美人之位置

若夫歐美人之位置及勢力。自無待煩言者也。凡高等業務。悉爲彼等所支配。惟重要土地。尚有屬於葡萄牙寺院所領者耳。

日本人之現狀

返觀吾日本人之勢力則如何。在甲午戰役以前。僅三井物產公司分行及若干之賤業流氓而已。其後逐漸有人注目南洋。及日本郵船公司開歐洲航路。此實爲邦人發展南洋之第一期。乙宗大和等商店。雖白人顧客。亦接踵而來。至日俄戰後。乃有三五、三井、藤田、南亞各公司。以新加坡爲中心。各處經營林業。其規模頗惹歐美人之注意。及郵船、東洋、兩大輪船公司各設代理店於新加坡後。其勢益振。近自南洋航路開始後。亦有設立支店之計劃。自此新加坡在住之日本人勢力。遂益增大矣。其他公共團體有日本青年會、橡皮栽培協會等等。然吾人對於此等團體及有力者之間。切望其各盡天職。以增進吾邦人之勢力也。

第三　馬來半島之開發

一、一般之情形

世界罕覯之富源

馬來半島之位置及名稱我國小學生亦熟知之。惟能踏查深悉該地之情形者極少。除一部份人士外。皆以爲瘴煙蠻雨之地。今尚未開闢之瘠土而已。孰知山有無盡藏之寶鑛。野多天與之富源。實世界罕覯之秘庫。噫、邦人對於馬來半島知識迂闊如此。蓋由無海外發展之雄志所致。實吾人所最痛恨而難堪者也。彼機敏之英人。以巧妙之手段。開拓之。經營之。收莫大之巨利。吾人將於本編中闡明之。以供世鑑焉。

馬來半島之面積及人口

突出於亞細亞之南方。其形細而長者。非馬來半島乎。西控印度。東接暹羅。北自北緯一度十六分起。約亙十三度。西自東經九十八度三十分起。東至一百十四度十五分止。其延長約六百哩。總面積約五萬方哩。

▲馬來半島人口面積一覽

地名	面積	人口
霹歷 Perak	七九〇〇平方哩	四九•四一二三人
雪蘭峩 Selangor	三二〇〇	二九•四〇一四
芙蓉 Negri Sembilan	二六〇〇	一三•〇二〇一
彭亨 Pahang	一•四〇〇〇	一一•七五九五
吉冷丹 Klantan	五〇〇〇	三〇•〇〇〇〇
丁加奴 Trengganu	六〇〇〇	一四•六九二〇
吉打 Kedha	三一五〇	二四•五九八六
丕里斯 Perlis	三〇〇	三•二七四六
柔佛 Johore	九〇〇〇	二〇•〇〇〇〇
合計	五•一五〇〇平方哩	一九六•一五八五人

（備考）此表據英國海峽殖民地政廳一九十一年份之報告。

各國人之龐雜

霹靂州近又據英暹條約而加一千平方哩之面積。

海峽殖民地之面積及人口已表示於前編中請參觀。

上記諸州中自霹靂以下至彭亨四州。係純粹之英國保護地共組織爲馬來聯邦。吉打以下至丕里斯四州。歸英領者未滿五年。尚各自特立以受英國之保護（後章詳述）至若柔佛則別存一國之名而在英政府之勢力圈內。其內地情形。除馬來聯邦外。尚未得有精確之調查。今先將已明範圍內之住民分布狀態揭示如左。

、在馬來聯邦之各國人種區別

中國人	四三•三二四四人
馬來人	四一•九七六三
印度人	一七•二四七六
歐美人	三三八四
歐亞混血人	二六七九
其他各國人	四四八七

馬來半島內地之情狀。較海峽殖民地稍異。中國人之移住於彼者雖依然占最多數。而馬來人亦與相匹敵至北方吉打州。則其百分之八十爲馬來人。中國人不過百分之十三而已。吉冷丹及丁加奴二處。中國人尤少。暹羅人亦不多。其全部殆皆馬來人焉。若由人種言。馬來半島者。實馬來人及中國人之聯合國。而印度暹羅爪哇人。均寄食其間者耳。英國政府統治此龐雜之異民族。而不起紛亂者。蓋亦不可謂不巧也矣。

日本人之情狀

轉觀日本人之情狀則如左。

在馬來半島之日本人數

地名	戶數	男	女	男女合計
柔佛	七四戶	三七九人	七〇人	四四九人
芙蓉	五六	七六	二一一	二八七
雪蘭莪	二五	一〇九	四九一	六〇〇

霹靂	一〇四	一七八	四九六	六七四
彭亨	二二	二七	九六	一二三
其他各地（丁加奴吉打吉冷丹各州）	四	一五	一八	三三
合計	三七三	七八四	一三八二	二一六六

馬來聯邦各州之人口統計。尚不得謂精確。我國民之在彼地者。亦實際較上表爲多。今不過依據政廳統計以揭示一斑而已。若更查馬來半島全土在留邦人之職業。（含海峽殖民地）則依我三十一統計年所載。男子共五百十一人營雜業。七十四人營酒館業七十人爲雜貨商六十九人爲醫生六十三人營照相業。六十人營綢緞布疋、及化粧品業。五十一人爲賣技者。其他藥商、旅館、剪髮店、又各有四十人內外。女子計一千六百四十六人爲醜業婦。六十六人營雜業。五十二人充家婢。六十三人爲酌婦。三十六人爲旅館下婢。二十三人營布疋雜貨業。二十一人營照相業而已。此等現象。不獨馬來半島爲然。通荷屬各地。莫不皆然。及至近年邦人之經

營橡皮事業者漸多。始有注目之價值。此則差强人意者也。（參觀橡皮事業項下）

馬來半島之輸出入

茲欲研究馬來半島之富力可爲參考之材料者。厥維輸出入價額。試先揭示馬來聯邦各州之統計如左。

▲馬來聯邦貿易一覽（一九一〇年統計）

地名	輸入	輸出
霹靂	一二五〇・二四七五磅	五一四・三〇七〇磅
雪蘭莪	二五七・六七二一	五四四・九七〇二
芙蓉	五六・八二三一	九三・〇七七五
彭亨	一二三・六九八三	一四〇・四九四三
合計	五八四・四四〇一	一二九二・八四九〇

右表之主要輸出品如左

錫　六六六・八〇七一磅

橡皮	四四八・四八五四
椰子仁	一三・九三二六
糖	七・九三〇九
米	七・六四二七

又主要輸入品如左

米	一三七・四三三五磅
鴉片	三四・二七九二
紙煙	二七・五七四三
木綿類	二四・一二二九
脚踏車及汽車類	一四・〇四五一
糖	一三・七七四二
酒精	一三・五四八〇
煤油	一三・七一三七

鐵器　一三・一七七三

機械類　一二・一九八四

馬來聯邦四州以外。其他吉冷丹、丁加奴、吉打、丕里斯、及柔佛等各地之輸出入統計。尙未明確。（參觀後章各地之富源篇）惟此等各地富力亦決不讓於西部海岸。今試以馬來聯邦之輸出入貿易總額。即一千七百七十萬二千八百九十一磅。以該地總人口一百零三萬五千九百三十三人相除。每人約得十六磅。合我日本約一百五十六圓。以較我日本之一人平均貿易額僅十六圓者。則馬來半島之優於我也殆十倍。寧非天下之大意外事耶。讀者於此可知吾人稱馬來半島爲世界稀有之大富源者。決非誇張之詞也。

天下之大意外事

▲馬來聯邦貿易發展表

年次	輸入	輸出	總計
一八九〇年	一五四四、三八〇九弗	一七六〇、二〇九三弗	三三〇四、五九二〇弗
一八九五	二二六五、三三七一	三一六二、二八〇五	五四二七、六〇七六

一九〇〇	三八四〇、三五八一	六〇三六、一〇四五	九八七六、三六二六
一九〇五	五〇五七、五四五五	八〇〇五、七六五四	一、三〇六三、三一〇九
一九一〇	三五二五、五一五一	一、〇二八五、一九九〇	一、五六一〇、七一四一

炙手可熱之活歷史

二、文明之征服

世界之近世史者。一歐洲人藉文明之名。征服異民族異人種之戰勝記也。吾人於此。不能不一考其活躍之史實矣。自慧眼之英人拉勿兒斯氏。於一千八百十九年建立新加坡以後。遣其部下維廉少佐向馬來半島東岸北進。至丁加奴州。時該地方支丹（即王）阿馬特。向少佐要求武器之供給。此天與之好機。豈敏捷聰明之英國政治家。肯空失者耶。當時拉勿兒斯氏致維廉少佐之書簡曰『對於荷蘭人權力以外之各地。望閣下盡力各維持其現狀。惟我英國人對於此現狀維持。若能不露形跡於表面。而暗中達其目的。最爲良策。目下吾人可不必擴張我地位。然使荷蘭人又伸其手。且染指於暹羅地方者。則吾人亦不得不向各地稍備權勢。總之。與此等地方之有權力者。互相交換友情。最爲緊要。趁此可達目的而不易多得之好機緣丁加奴州支丹有要求供給武器之件當應彼諸般之要求務使滿意。一切有待於閣下之手腕』云云。於此可知拉勿兒斯之政策。係一面努力維持現狀。一面潛蓄實力於各地以覗大試飛躍之機會而已。（譯者曰、方今列强對於東亞條約其第一條、莫不曰保全東亞和平。維持中國現狀。觀以上拉勿兒斯之書簡。此維持現狀之名稱之用意。我國民其能醒懼否耶。）但以上所敍乃屬當時對於馬來半島東岸之政策。其西海岸已由雷德大佐於一千七百八十六年經營檳榔嶼後。漸次擴張其羽翼。至一千七百九十五年遂奪馬剌呷於荷蘭之手。同時馬格列斯脫大尉復逐荷蘭人於霹靂州之外。

霹靂州小史

按霹靂州橫於檳榔嶼之前。爲英國勢力侵染最早之處。十六世紀初葉。曾戴馬剌呷酋長之親族爲支丹。當時蘇門答剌島北方之亞丁族。勢頗强盛。霹靂受其侵略。其支丹被擒。遂隸屬於亞丁族之下。其後千六百五十年。荷蘭人來霹靂與亞丁族訂霹靂錫鑛買賣契約。激起霹靂土人之反抗。事業頗不振。費一百五十年之長歲月。至今僅扶植嗒喀恩遜地方之殘勢而已。英人馬格列斯脫大尉。乃利用霹靂與荷蘭人不和之機會巧與霹靂人接近聯合遂得驅逐荷蘭人而告第一著之大成功。此後二十三年。霹靂又爲暹羅征服然未幾爲英國東印度公司用强力干涉。至暹羅不得不承認霹靂之獨立而英國與霹靂之關係其親密乃愈深矣如上所述英人之潛勢力。已十分蓄積至一千八百七十五年。乃完全立於英國國旗勢力之下焉。雖然此問題也。決非解決於和平談笑之間者也。先是英人勃基氏。應霹靂之聘任顧問職此年五月。在巴雪沙拉溫泉。爲霹靂土人所暗殺英國遂以其支丹及重臣中有密與兇謀之嫌疑爲實急派其駐中國及印度之軍隊征討之。於是支丹讓位於其長子而退隱英兵卽駐屯於其首府太平而新支丹不過爲英人新顧問之傀儡而已。

雪蘭莪州小史

雪蘭莪地方。其初爲一種樹上棲居之土人（係沙開族）所支配。十六世紀時。由西列倍斯島西侵之海賊。（係泊奇斯族）已據有新加坡東南之利育羣島勢力甚盛。雪蘭莪亦終爲所侵略而屈服於其勢力之下。一千七百四十三年。遂擁立支丹。與霹靂支丹受同等之名位及待遇。惟當時荷蘭人已得馬剌呷爲根據地日擴張其

芙蓉州小史

商綫。與泊奇斯族氷炭不相容。兩者之間。屢起戰爭。而荷蘭人終占優勢。至一千七百八十五年。雪蘭莪海岸被荷蘭人封鎖經年。而其凶悍之支丹。亦不得已而屈服請降矣。及英國占領馬剌呷後。大反從前荷蘭人所爲。與雪蘭莪人之間施一種極高妙之懷柔政策。締結和親條約。故至一千八百七十四年。霹靂酋長聘英人爲顧問時。雪蘭莪亦聘英人爲理事官。慚次遂成爲英國之保護地矣。

芙蓉（Negri Sembilan）者、馬來語九州之意也。蓋當初爲沙開族九大部落結合而成之一州。後泊奇斯族逞威時。其地亦被其侵入。至一千七百七十三年。始有梅那加拉者出。統率各部。爲九州長。然因駕馭失宜。內訌相踵。爾後百餘年間。喀耶部落。爲雪蘭莪所征服。斯呷馬腕及拔西薔沙兩落部。爲柔佛所併合。納寧部落。爲馬剌呷所併吞。直至一千八百九十五年。英國之干涉政策。既奏其效。乃於上記以外之殘部落即拾霤薔、孫格烏瓊、柔耳、倫勃、樂雷等五部。確實結合。令加盟於馬來聯邦。其九州中之柔耳一部。實爲最古沙開族之殖民地。因其始祖爲女性。故此部落之長子。皆蓄長髮。效女子裝。又有終生不旅行之奇習。

彭亨州小史

至於馬來半島東岸彭亨之歷史。殆無記錄之可尋。惟暹羅曾蹂吉冷丹丁加奴、而侵入此地。此外如西海岸各地屢遭葡萄牙或荷蘭之侵犯者則絕無之事實也。南接柔佛以恩度河爲界。然每因界綫不明時起紛爭。至一千八百八十七年。由海峽殖民地總督威爾德氏之居中裁判而始解決。然至翌年有歸化英國之一中國人在彭亨被虐殺。遂受英國之嚴厲談判。其結果乃聘英國人爲理事官。與西海岸各州相同訂立條約將州內之生命財產全托英國保護。至一千八百九十五年。竟與霹靂芙蓉雪蘭莪三州共立於別號印度皇帝之英國女皇維多利亞旗下。而構成被保護之聯邦。

英暹條約與新附四州

他若北接暹羅之丁加奴、吉冷丹、吉打、及丕里斯四州。欲研究其歷史。不可不先知一千九百零九年三月十日所締結之英暹條約。然此亦不外乎藉文明之名而爲悲痛之犧牲已也。蓋拉勿兒斯之遺維廉少佐踏查丁加奴及吉冷丹等地方已如前節所述。所謂以維持現狀之美名。而多年蓄積其潛勢力之地也。惟此諸州東鄰暹羅。彼雖貧弱實一敵國。且暹羅國民。卜居於該地者甚多。故事實上此諸州皆暹羅之附庸國因之英國對於暹羅。一方面注全力於海峽殖民之整備。及組織馬來聯邦以堅其基礎而求實力之充足。一方面靜待時機之熟。適暹羅熱心於撤銷治外法權。英國遂承諾之。而以丁加奴等四州為撤銷治外法權之交換。嗚呼、天耶命耶。一則專尚實利。一則徒好虛名。暹羅竟不顧自國內治外交之未臻完整而亟求此表面之美觀。乃終為英人所乘矣。當時丁加奴、吉冷丹兩支丹頗怨暹羅行動之過於專斷。大釀物議。然英國勢力已遍布於上下各方面。事實上已無可如何。噫、螳臂不可以擋車。今尚欲何為耶。故終為海峽殖民地總督所牢籠。而迎英國之輔佐官。服其綏撫。蓋亦當然之運命焉耳。

新附四州之情形

上記四州中。丁加奴、及吉冷丹二州在東海岸。地域稍廣大。惟無良港。故海運不便。雖然、惟其無良港也。故自古無外界之打擊。不如西海岸各地之屢被海賊侵略。雖嘗被征服於暹羅。而至今猶馬來人最占多數。以中國人之勢力。其發展尚不如西海岸之盛。故東海岸之無良港。實馬來人不幸中之幸也。卽其歷史上無可傳之事實者。亦未始不職是故。他若吉打州。在霹靂之北。一千八百二十一年被暹羅征服。

事實上已成英領

爲其附庸。暹羅人割其北部。建一國曰丕里斯。而以在丕里斯最有勢力之阿剌比亞人名傳新者爲支丹。惟自前世紀之末。兩地財政均告窮乏。一千九百零五年由暹羅借給吉打二百六十萬弗。丕里斯四十四萬三千弗。然暹羅本國亦並無此餘裕。蓋英國爲其後援而已。故此借款條件中有暹羅政府得指定財政監督之一條。而暹羅政府卽舉駐劄緬甸之英國官吏赫德氏充之。遂演成一千九百零九年之合併條約焉。

噫、上述各事。殆皆西力東漸史上之一飛沫而必須遭逢之一餘瀝也。然耶否耶。

三、英國之旗風

一千八百九十五年。別號印度皇帝之英國國王。下令海峽殖民地總督。將從前與霹靂、雪蘭峩、彭亨、芙蓉諸酋長所締結之條約。整理而劃一之。以組織四州聯邦制度。自此支丹之位置權威乃全喪失。雖外觀上各支丹之尊嚴依然無異於昔日。而事實上、各置英人輔佐官。事無大小。皆須經其參與。各支丹徒擁虛器而已。又定雪蘭峩州所屬之吉隆坡爲馬來聯邦首府。置統監以指揮各酋長身傍之英國輔佐官。總轄聯邦。又自統監以下各輔佐官及各支丹合組一委員會。戴海峽殖民地總督爲最高委員長。每年一次召集各聯邦代表者（即聯邦各支丹或輔佐官）開聯邦會議。與海峽殖民地相似。故各部支丹均已有名無實。表面雖僅言保護。實則已宛然英國屬土也。

各支丹之守備兵

聯邦各支丹之下。各有若干之守備兵。然皆無秩序、無訓練、無軍人資格及威儀。不過在各支丹所居宮城假守衞之名。服差遣之役而已。雖然、一朝有事之日。其規定中仍有服從英國將校號令。提鋒當前之義務。可謂滑稽之極者也。其實英國政府亦不以彼等爲重。一千八百七十五年。英兵征討霹靂以來。以二營之英兵及印度兵駐屯其首府太平。以當防備。其費用乃聯邦政府所負擔者也。

馬來聯邦之財政

馬來聯邦之財政。自歸英國保護以後。由英國官吏著著整理。其進步甚著。一千九百十年之歲入豫算爲二千六百五十五萬弗。其翌年加至三千五百零五萬六千五百四十四弗。而較之同年歲出豫算二千九百七十六萬八千一百六十七弗。其歲入超過約五百二十八萬餘弗。其歲入之中。以關稅收入爲最多。約占總額之半。

次之爲鐵路、地稅、及各種許可證書稅。歲出之中。以鐵道費爲第一。年年至少約五百萬弗乃至七百萬弗。其收入亦惟鐵道爲最大。在一千九百十年爲五百九十萬弗者。翌年卽激增至七百零三萬弗。故半島內地開發之狀況。卽此可以想見矣。今將聯邦各別之歲入歲出額表列於左。

▲馬來聯邦歲出入表

地名	歲入	歲出
霹靂	一六六•〇一四三磅	一四〇•七〇六六磅
雪蘭峩	一〇七•七八六五	九一•三七一〇
芙蓉	二四•一一〇〇	二二•七六三〇
彭亨	一一•八七四三	二〇•四七六五
合計	三〇九•七八五二	二七五•三二七一
合新加坡幣	二六五五•三〇一八弗	二三五九•八六一〇弗

(備考)上表乃屬一千九百十年份。其翌年之歲入總額竟增至四一、三六九六磅。今更追錄既往二十年間之統計表如左。

▲馬來聯邦歲出入增加表

年次	歲入	歲出
一八九〇年	四八四・〇〇六五弗	五二三・七二七五弗
一八九五	八四八・一〇〇七	七五八・二五五三
一九〇〇	一五六〇・九八〇七	一二七二・八九三〇
一九〇五	二三九六・四五九三	二〇七五・〇三九五
一九一〇	二六五五・三〇一八	二三五九・八六一〇

吉冷、丹丁加奴等新附諸州。尚未得精確之統計。蓋歸英政廳掌握以來為日尚淺也。

敎育與宗敎

至關於敎育及宗敎二項。幾無表彰之可言。統計聯邦四州中有英人學校二十七所。馬來語初等學校三百零七所。生徒共二萬一千九百六十七名。(一千九百十年調查）然與其全人口相比較。則未受教育之兒童。爲數尚多。此無待言者也。至吉冷丹及其其他各處。近雖因英政廳之勸誘。漸漸著手教育事業。然其前途尚甚遼遠。若夫宗教則回教、佛教、印度教等。各有信徒。其大致與海峽殖民地相仿。惟此等宗教。僅存形骸。毫無教化之可言。此間惟基督教徒。爲數雖少。然甚熱心於教育及慈善事業。吾人姑爲其表彰之。

噫。其地肥。其山靑。其人則無智。國破山河在。抑亦可憐之甚也已。

＊　＊　＊　＊　＊　＊

鐵牛性之英人

運步不必過驟。但求一步又一步。脚踏實地。堅忍剛强。前進而不後退者。此牛之行路然也。英人平時有鐵牛之稱。其以此乎。蓋由善意言之。英國國民性之美點。實惟鐵牛二字。始得描寫盡致者也。自一千八百十九年開闢新加坡之一小寒村以來。僅僅九十餘年。其貿易額達七億弗以上。非宏圖遠識、努力不衰、曷克臻此。

深遠緻密之用意

而其用意之周到。殊有不得不令人起敬者。試旅行馬來半島各處首都。無不有博物館設立其間。以其地固有之物產、及試辦中之各種製造物品。整然陳列之。俾一般旅行者。一目可知其旅行中所見之山野中包藏何物。產出何物。蓋欲以一人之力。於短日月之間所不能辨識之各事物而辨識之。惟此實爲第一妙法。故自然刺激觀覽者之腦筋。發生其產業上之興味。豐富其產業上之知識。加之博物館中又蒐集馬來土人之美俗習慣、器具、建築等物。凡可爲研究馬來人種之文明、嗜好、及風情之材料者。皆十分整備。既令人起今古變遷無窮之感慨。又令頭腦清靜之觀察者。可以得各種之知識也。曾記吾人入新加坡之拉勿兒斯紀念博物館時。見樓梯下面之右側。置有一噸重之鑛錫一塊。卽令吾默會曰。馬來半島第一之產物、錫也。入吉隆坡博物館時。見各種粗製橡皮。分類陳列。卽令吾默念曰。依近年統計上之記載。其產額年年激增。不久必有凌駕錫鑛之一日也。至太平博物館時。見粄之樣品。及埃及種木棉、在本地試種而得之棉球。陳列兩側。卽令吾得推測霹靂州將來之拓植方針。又見其側室所陳列之長七尺半、重五百七十兩之象牙。上載明一千八百九十四年、在嗒喀恩遜附近所獲巨象之牙。令人勃然湧起無限之感想。嗒喀恩遜者、今霹靂州西南之一要港也。而十九年前、尚爲巨象出沒之所。彼鐵、牛、的、英、人。其

英國國民性之佳話

拓殖力豈不宏大也哉。

今順序一言新加坡拉勿兒斯紀念博物館之歷史查該館始於一千八百四十四年當時爲少數英人欲慰遠征無聊之苦集合會員所組織之一圖書館爾後閱三十年星霜約集書籍三千種以日本人眼光覩之其蒐集之少進步之緩似乎出人意外然此正鐵牛之所以爲鐵牛也蓋一千八百七十四年殖民地政府決議建設博物館之際以舊圖書館會員得受終身特待之條件并代償圖書館所負債額五百弗遂將圖書館改作博物館命名拉勿兒斯爲新加坡創始豪傑之紀念凡南洋之珍禽奇獸鱗介昆蟲及馬人種本來之生活狀態莫不展列館內使遊南洋者一入此館即可窺知南洋風物之綱概而無遺憾至其圖書部因有上述之特別歷史乃一種高尚之慰藉機關非因研究學問而設故至今雖依然保留而並不貪書册之多也現該圖書部分縱覽特覽兩部特別會員每年納一定之會費得以自由涉獵各書并許攜帶出外惟該圖書部古文書中有一千八百零五年十一月六日發行之倫敦泰晤士報一張上載英國海軍部之脫拉發兒加海戰之捷報今將此紙

裝成匾額懸於閱報室中紙上又揭有一千八百零五年十月二十二日克林克威爾副提督在脫拉發兒加海沖發耶拉斯戰艦上親筆之戰況報告并哭題納爾遜提督戰死之追悼詞噫此一事也似奇而非奇者也蓋英人堅忍不拔之國民性雖東亞殖民地一隅之地竟以一百零七年前之古報紙陳列於此以誇示其有權威有精神之歷史此等國民性謂非樹霸東方揚威四海之源泉也耶彼等一舉手、一投足均不失其英國民固有之性質故僅僅以兩營兵士能開拓馬來半島五萬餘方哩之領土也

四、交通之發達

馬來半島之地形及交通

馬來半島之地形與我朝鮮半島相似現今聯邦鐵道之已成者五百三十八哩其較勝我朝鮮者卽道路完整之一事也鐵道以外尚有公衆汽車行駛路無數就中官辦者有五條卽在蘇吞亨港與東雪蘭峩之間、及吉隆坡與彭亨之間其他商辦綫路到處皆是大道坦坦綠樹叢叢汽笛之聲車輛之響殆卽所謂文明之音波歟蓋其交通之便利實非我朝鮮內地所可同日語也

東海岸之缺點

然馬來半島之東岸。其不完全實甚。彭亨則山嶽重疊。丁加奴、及吉冷丹亦皆草野。遍東海岸未見有一寸之鐵路。現惟有豫定綫二條而已。且全岸無一良港。實開發上最大障礙。惟聞吉冷丹北有拔脫納河。其河口一灣。稍有築港之價值。然其位置過北。且在暹羅領內。由此港沿東海北行。得達暹羅首都盤谷府。故得受此港之利者。在暹羅不在馬來也。

東海岸縱貫鐵道

故馬來聯邦政府。正計劃鐵道之速成。爲開拓東海岸之基礎事業。遂立一東海岸縱貫鐵道豫定綫。自柔佛經彭亨以達吉冷丹之北端。現尙在工事中。此綫路、將來必與由盤谷南下之暹羅鐵道。在拔脫納灣附近相連接。此蓋在一千九百十年。暹羅鐵道公債在英國募集時。其應募條件中所規定者也。故三四年後。新加坡與盤谷之間。將有安全之陸上交通。不必如今日之漂搖於海上五日餘也。蓋馬來半島每年長足之進步。其主原因實在鐵道經營之適當。故此後愈注全力於此點。以期交通機關之完備。此無俟贅言者也。且半島之西海岸。既有新加坡、檳榔嶼、挾其兩端。又有蘇吞亭港介其中間。此外更有無數小港。散在沿岸。故海運最爲便捷。若東

馬來聯邦之郵電事業

建築鐵道之財源

海岸則既無良港。且每年十月以後。海上交通幾同斷絕。（譯者按因入冬後風浪甚大故）故陸上之整備。尤爲最大急務也。

然則馬來聯邦與海峽殖民地。究以何等方法而得此巨額之鐵道建設費乎。吾人於此。不得不歎英人獨特之巧妙經綸。而發見其無盡藏之資源也。此無他。卽馬來特有之輸出稅而已。（譯者按輸出稅不獨馬來爲特有也吾國亦尙有輸出稅爲天下事無獨有偶言之實心赧且痛）據統計家之報告。自馬來聯邦建設以來。至一千九百十年之末。僅錫一項。其輸出稅之累計。爲六千萬弗。其中四千萬弗。充鐵路建設費之用。英人之對馬來政策。其輸入也。則仍取自由貿易制。而對其國產之輸出。卻反加以課稅。噫。此果何等政策歟。然英人竟敢斷行而不稍迴顧。其大膽經營之手腕。實有令人心佩者。

馬來聯邦之郵政。據一千九百十年之調查。計郵政兼電報局共六十三所。郵電事務管理室共三十四所。電報電話綫之延長共五千一百三十五哩。其收入達九萬七千五百七十五磅。其他各保護領土。除丁加奴州尙極不便外。餘則概有相當之設備。今尤亟亟以求完備。其進步正未有已也。

（備考）新加坡與暹羅之陸上交通既著手矣、檳榔嶼人亦同時覺醒、乃要求聯邦政廳復決定一綫由檳榔對岸之菩來港起、將已成之西海岸縱貫鐵道延長至吉打北端、折而東向以達拔脫納灣、與暹羅鐵道相接續、故暹羅鐵道至拔脫納灣後。分作兩支、一經吉打達檳榔嶼、一南下達新加坡、此外尚有自吉打轉向西北入緬甸蘭貢之計劃、

蓋英人以開道路爲開發馬來半島之第一急務、百方銳意經營鐵路、以外更注力於馬路、以國道作幹綫、分設無無數支綫、以冀交通之便利、其幅均廣、汽車往來甚爲自由、現霹靂有日人原田寅吉者、在怡堡康堡間營二十四哩之汽車轉運業、此英人之拓殖政策、實較荷屬諸島（如蘇門答剌）爲優也、

五、各地之富源

馬來半島之情勢及富力以上已略述梗概。其錫、橡皮、椰子、等產物。以後當特立一編詳言之。茲不過順序略述各州之情狀如次。

雪蘭莪州之富源

雪蘭莪州人口密度之高爲聯邦中最。（面積三二〇〇方哩　人口二九四〇〇〇餘）其繁盛亦統半島爲第一。蓋因馬來聯邦首府吉隆坡及蘇呑亭港均在此州領內有以致之也。吉隆坡人口共四萬七千人。（一九〇一年份調查）。蘇呑亭港雖亞於新加坡、檳榔嶼兩處。然可泊六千噸以上之巨船。且近年發達之速。尤足令人駭愕者。請觀左表所記該港渟泊之船數。（僅指遠洋航路船言）

年次	船數	噸數
一九〇六年	一四隻	八・七九七四噸
一九〇七	四五	一四・〇五四三
一九〇八	一一二	三八・三五七七
一九〇九	一七四	五九・一〇四二
一九一〇	二一四	七五・一七五五

蓋該港將來之大發達。可以預卜。本州之橡皮產額。占全半島第一位。椰子種植。亦

頗旺盛。錫之產額。亦僅亞於霹靂州而已。

霹靂州之富源

霹靂州占全世界產錫額十分之六。在馬來半島中爲最富錫鑛之地。不可不謂無盡藏之富源也。其人口居各州中第一位。歲出額之多。亦爲聯邦中最。其幅員約南北一百三十哩。東西九十哩。霹靂河自北向南更西流入海。蜿蜒四十哩。其航行之便。實爲內地交通之一重要機關。首府曰太平。大市曰怡堡。錫鑛遍州皆是。而以德路拿鑛爲最大。霹靂一州之產額。一年間約四千萬弗以上。錫鑛面積共十五萬英畝。馬來人呼銀曰霹靂。蓋當初發見錫鑛時。誤認作銀山故也。鑛夫大半爲中國人。惟風儀甚不雅觀。深爲可惜。氣候在六十度至九十度之間。雨量甚多。適於衛生。橡皮、椰子等業。在半島中亦屬多數之部。土地肥沃。米穀耕種咸宜。

芙蓉州之富源

芙蓉州在雪蘭峩之南。居聯邦中最南位。馬剌呷控於其前。爲半島中風景最優之地。聯邦中之實施强迫義務教育者。惟此州與雪蘭而已。土地富饒。適種米穀。其馬來人之文化及美質。亦較勝他州。此外一切。大致與霹靂、雪蘭峩相同。其首府曰色連彭。其海港曰豆克遜。

彭亨州之富源

上記三州、皆在半島西岸。聯邦中惟彭亨一州在東岸。南接柔佛、北隣吉冷丹、及丁加奴。其面積之廣爲各州冠。有金錫各鑛。兩三年來。橡皮業亦漸盛。居民極樸素。馬來人爲多。中國人甚少。尚有一種樹上生活之沙閘族土人。現均遁棲於此州之北。惟交通機關尙未完備。故富源之開發頗遲。文化亦不足觀。若他日鐵道開通。則此州形勢當一大變。聯邦各州中。恐無有勝於彭亨者。境內有彭亨、龍平、孔當諸川。足資利用。

吉冷丹州之富源

上記馬來聯邦四州以外。其次宜研究者。則爲吉冷丹、丁加奴、吉打、丕里斯、四州之新保護領。吉冷丹東接丁加奴。西鄰霹靂州。山嶽起伏於其間。鐵路豫定綫有二。吉冷丹河自南流北。其流域達一百五十哩。灌漑兩岸。氣候亦順適。人口約三十萬。每年自三月至九月。新加坡與吉冷丹河口之間。一星期有定期船一回。此外無交通機關。故尙多不便。首府曰吉他拔。市民約一萬。內地每村皆有首領。其義務與權力宛如村長。蓋爲一種原始的自治制。其幼穉之極度。實堪捧腹也。信摩罕默德敎。自一千九百十年創設學校。生徒僅得一百七十人。據英國統計年鑑。其一千九百十年之歲出額爲四十萬三千五百五十二弗。歲入額爲四十一萬九千三百二十七弗。輸出額爲一百五十七萬五千二百五十九弗。輸入額爲一百四十二萬八千六百七十六弗。既墾地十二萬四千英畝。所出之米、椰子、胡椒、與金、錫、魚類等。爲輸出之大宗。此地椰子林約有一萬八千英畝。產額約六萬三千擔。較之雪蘭峩、芙蓉二州。成績尤爲良好。故一千九百十年以來。向政府請貸土地者。續出不絕。

丁加奴州之富源

丁加奴州之情狀。大體與吉冷丹無大差異。其一千九百十年之主要貿易品如左。

輸出		輸入	
魚類	四六。四二八八弗	米	二〇•九五二八弗
錫	三一•三一七七	木棉(布類)	六•九七三一
椰子仁	二八•一八一三	煤油	六•〇九〇九
胡椒	一五•二七〇七		

丁加奴之首府曰苦拉丁加奴。市民約一萬四千。鐵道電報電話。幾皆無。惟椰子林

則與吉冷丹共爲半島之冠。現歐洲人種有椰子二萬英畝。日本近藤常治氏亦有二千英畝。

吉打與丕里斯兩州之富源

吉打及丕里斯兩州居半島之最北部。居民十分之九爲馬來人。十分之一爲**中國**人與暹羅人。吉打前控檳榔。與英人親炙較早。故現有學校二十二所。電話局六所。郵政局十所。一千九百十年份其歲入額爲一百四十四萬九千一百十六弗。歲出額爲一百二十八萬五千三百四十二弗。至若丕里斯之歲入額不過十一萬四千八百三十四弗。歲出額不過十萬一千四百九十三弗。幾不及吉打十分之一。蓋面積人口皆小於吉打故也。出產品目。二州亦約略相同。吉打之北部及丕里斯。均產米。吉打南部則錫產與橡皮。將來均極有望。總之吉冷丹、丁加奴、吉打、丕里斯各州皆多未開發之富源。待事業家之著手。簡言之。馬來半島之東北部、較之西海岸。殆皆爲半開之領域。今後之發達。必有可觀之一日。苟有志之士。欲求開拓者。除英人**中國**人已著先鞭之西部諸州外。此廣漠之東北領土。不可一日忘者也。

以上馬來半島全部。凡聯邦四州、及新附四州。均已約略論及之矣。惟柔佛王國。尚未及一字。吾人當於本章第七項下詳言之。

六、半島之風物

綠樹叢叢之半島

吾人前謂馬來半島之地形。酷肖朝鮮半島。然其風景則迥然異趣。蓋馬來半島到處森森蒼鬱。綠樹叢深。而朝鮮則遍地童山。無一草一木之丘陵。隨在皆是也。惟馬來西部河川。往往濁流滔滔。不若朝鮮河流之滄浪清澄。此因馬來半島隨處均產沙錫。採錫者每沿流刷洗。故下流遂致混濁也。除此一事外。半島之風光實甚明媚。大有生生不息之氣。殊使人目覩而心躍。雖久居是間者。不免有萬事簡單。幾不知世間有日新月盛變化無窮之憾。然此乃大陸之常態。不得以我日本為例。況欲以春生秋熟之趣味。花開絮飛之雅致。而求之於熱帶地方。則尤無常識之甚者焉。蓋馬來有馬來之特色。馬來之風光。今請語其一二奇景如後。

鐘乳石之洞穴

馬來半島中部以北。處處散見鐘乳石質之山陵。土裂石出之形狀。頗惹人目。吾人讀中國詩文。知支那富於巖石洞穴。然中國山嶽之石質。大率係花崗巖。不足為奇。若馬來半島之鐘乳石。蓋世界所稀有者也。雪蘭莪州吉隆坡之東北。近彭亨街道。

有一大洞穴。名拔德開菩。遊觀者稱爲南洋第一奇觀。蓋拔德者馬來語石之意。開菩者英語洞穴之意。故有是名。此石洞在山腹間中。如鐘高五六丈。闊七八丈。深八九丈。入洞前進至極處。仰首見一大缺隙如鐘破頂。自洞底得望青天。中國詩人所謂一洞天之語。極適用於此。有愛其宏壯奇觀者。欲撮其影。然往往因內部光線不足。不得窺其全豹。又霹靂州有鐘乳石。裂成絕壁。狀如屏風。怡堡市附近洞穴亦甚多。惟中國人之迷信者。每祀文殊大師或觀音菩薩於洞中。實傷天然之勝景也。

風光明媚之美。稱幾爲我日本所獨占。然試入新加坡與柔佛間之海峽。其快闊明暢之景象。非人人所共見者耶。霹靂州太平市北有海拔三千呎之山嶽。登而四顧。其眺望之雄大壯快。與山上之清風。悚悚襲人。不幾令人忘卻吾身之在熱帶地耶。檳榔嶼之植物園。借天然之山嶽爲背景。非足解一日之抑鬱者耶。他若北方吉打。風氣雖未大開。然職是之故。其怪鳥珍禽。喈喈啞啞之聲。不絕於耳。鳥糞蔽全山顛。足以娛旅行異域者之耳目。惟近有欲求利用此等鳥糞者。往往潛入內地。故原始的美觀。恐將逐漸滅跡矣。

奇禽怪鳥

無愛國者之處決無名勝

馬來人不獨不知其本國之歷史。甚至能記憶其本身之年齡者。亦什不得一。故欲尋史跡。最爲難事。惟馬剌呷地方有十六世紀初葉爲葡萄牙占領當時之紀念物。建築物、及石碑等。聊慰吾人稽古之心。就中有曾至日本傳道名塞竭脫者之墓。不禁令人想起與泰西文明始相接觸時之日本與此土之關係果如何也歟。（譯者按西歷東漸之初除我中國外西人眼中幾視日本琉球馬來半島荷屬各島爲一物惟南洋土人因氣候上之關係怠惰成性不知自奮且無歷史紀錄更無從發生其愛國觀念故遂致亡而日本則自古爲吾國古文明所薰染有教育有歷史漢學東傳文化大作故其人民知愛國知團結一受外界刺激即能同心協力奮地躍進今則國勢蒸蒸竟列入世界一等國之班矣井上君殆有見於此故有是感言乎然返觀吾國欲言不盡殊令人心碎欲死也）然詳細研究。彼馬來半島。亦必有劍戟相磨、叱咤風雲。所謂古勇士之史蹟及戰跡。惟無人探得之而表彰之已耳。蓋寄情懷於風物者愛國者之常也。故無愛國之處。卽無名勝。無遺蹟焉。嗚呼、山河無心。不能作語。徒見鳥獸依然飛走。草木不改穹蒼。言念及此。吾人豈尙忍復談馬來人也耶。

半島南端之王國

七、柔佛（附利育（又名廖內）羣島小史）

人之談南洋者。莫不談新加坡。然談新加坡者。又莫不論及柔佛。柔佛者、卽明史所稱爲東西笠山者是也。

柔佛在馬來半島最南之尖端。與新加坡隔海相呼應。西北接英領馬剌呷。馬來西海岸縱貫鐵道卽自其南端柔佛巴耳爲起點。通貫全境至與芙蓉州交界處乃分一支綫。左折入馬剌呷。其本綫仍北行經芙蓉、雪蘭峩、霹靂而達檳榔嶼港頭。柔佛面積約九萬方哩。人口約二十萬。中國人占十分之七。其餘馬來人二分。爪哇人一分。其柔佛之名所以盛傳於旅客之間者。厥故有四。其地近新加坡。風光明媚一也。半島惟一之王國。至今猶保其殘名二也。凡旅行半島內地者。必先踏其土三也。日本人所種植之橡皮。在該處爲最多四也。雖然、此外更有所以膾炙人口之特別理由在焉。無他。以有中國人之公開賭博場。藉名爲慰新加坡住民疲勞之遊樂地者在故也。新加坡店鋪一至日夕業務告終。於是三三五五相攜納涼而集合之所。卽爲柔佛。有英人、有阿剌比亞人、有中國人。紳士風之男。西施裝之女。喋喋喃喃。相率而入開往柔佛之火車。其狀如紳士者。卽在南洋沾得贏餘。輝煌一身之錢奴也。其形同西施者。卽覬覦錢奴之懷中物而賣笑之娼婦也。彼等在此地擲萬金以賭運命。而柔佛即藉此以供旅人歸鄉之談料。

最有興味之歷史

柔佛在表面上雖名王國事實上、已早立於英國保護之下。此無待贅言者也。然其所以與馬來聯邦諸州異趣者何耶。吾人於此不得不先記其一節有興味之歷史焉。荷屬利育羣島之小史所以附載於本項之下者。亦以此也。

荷蘭與英國之勢力競爭

曩昔柔佛爲一支丹國兼領有馬剌呷西北部。自一千五百十一年爲葡萄牙所逐。其後會荷蘭勃興。馬剌呷又見奪於荷蘭。前後一百五十年間。支丹與西來侵略者之間。惡戰連年。至十九世紀初葉。支丹力衰不能敵。不得不放棄此地。遷都於利育羣島。從此柔佛國之舊支配者。僅僅於新加坡東南海上所星羅碁布之諸島嶼中。稍保存權力而已。支丹遁後。繼起者爲薄蘭島酋長德面峩偑起以掌握柔佛。十七世紀以來。英國與荷蘭在南洋海上競爭權力。暗鬬甚烈。至一千七百九十五年。英人之勢力大伸。乃逐荷蘭人而奪得馬剌呷。且利用荷蘭與柔佛多年間抗爭之敵愾心。施英人獨特之懷柔政策。對於柔佛新主權者德面峩氏。極表好意。名義上承認其爲柔佛主人。然當時歐洲因拿破崙戰爭之故。荷蘭與英國其交涉愈相錯綜。因荷蘭與法國相一致。故英人遂占領爪哇及其他荷屬各島。至平和恢復後。英國欲以檳榔嶼及馬剌呷爲英領。乃承認荷蘭在利育羣島之勢力。以爲交換條件。然不數年間而拉勿兒斯氏遂虎踞新加坡。形勢又爲之一變。蓋新加坡在柔佛及利育羣島之間。占最樞要之位置。有脅制荷蘭勢力範圍之勢。因此荷蘭人大憤。兩國之抗爭愈烈。於是英國乃以前得之爪哇、及蘇門答剌等各島。全部還歸荷蘭。而以確實承認新加坡爲英領作交換條件。從此英國領有檳榔嶼、馬剌呷、及新加坡、合爲海峽殖民地。藉以伸張羽翼於馬來半島。而荷蘭則領有大洋洲諸島矣。

英荷勢力劃定與舊支丹之絕望

形勢既定。於是從前遁竄於利育羣島之舊柔佛支丹權威遂益失墜。不得已自解宿怨於荷蘭。求其保護。以留殘位。不復有恢復柔佛之希望矣。至一千八百五十五年。英國又公然承認新支丹德面峩在柔佛之勢力。代築宮殿於新加坡對岸之柔佛巴耳。一千八百八十五年。更聲明德面峩家爲柔佛國支丹。立保護條約。置英人贊助官。以掌理大小一切國事。

荷蘭人之手腕

一方面荷蘭人對於利育羣島亦取同一政策。先收其外交權。繼收其徵稅權。噫、以荷蘭人之明敏。馬來酋長之蠢愚。尚有何手段不可以臨御也哉。蓋荷蘭自征服爪哇以來。其對於蘇門答剌諸酋長。無以同一手段而告成功者也。既得徵稅權。故關於土地使用權之轉移。可以干涉。既得外交權。故外人之土地使用權。及鑛山採掘權。亦得干預。例如蘇門答剌地方。外人之欲借用土地者。必須得荷蘭理事官之認可。外人之欲得鑛業權者。必須經巴城總督之承認是也。故荷蘭人之勢力。遂壓倒利育羣島及蘇門答剌東海岸之諸酋長團焉。

利育支丹之亡命

最近有一事爲吾人欲記述利育羣島時不可不一論及者。蓋利育羣島支丹原係柔佛舊王。已如前述。此支丹雖爲馬來望族。然世世衰微。僅得保其殘位於海上。財用不給。尤甚。常賴中國人之補助。荷蘭人乃乘機以救助爲名。提出種種要求。以堅固荷蘭之地位。支丹不堪其壓迫。遂於一千九百十一年三月。與荷蘭訂條約。將一切政權歸荷蘭人代理。每年受定額之遺贈而退職。及將署名之前一日。又忽聽近昵之言。翻前議而立排斥荷蘭人之策。噫。此眞所謂螳臂擋車。徼獨不勝。適自買禍。故今則亡命於新加坡。每月僅由巴城總督支給二千盾。以度餘年而已。當時新加坡「海峽時事」報上。曾載支丹對於巴城總督放逐宣言書之辯明書。嗚呼。此亦不

過亡國之悲聲已耳夫亦大可哀也際此國際競爭場裏權勢所在卽是正義之時代又誰敢傾耳於支丹之辯解也哉

茲將巴城政廳所公布之宣言書及支丹之辯明書譯載於左以供有志南洋者之一覽

巴城政府之宣言

▲荷蘭國巴城政廳之公文書

茲宣言利育羣島支丹之虛位

巴城政府對於利育羣島支丹親切保護有加而該支丹對於總督府行同叛逆杳無誠意蔑視從來雙方締結之條約侮辱總督府唆使居住羣島之土人輕視我政府威權種種荒謬絕倫之舉動不止一端

前年該支丹與巴城政府訂立條約會承認懸巴城總督府旗於其宮城其下再懸其自己之旗乃不獨不見諸實行反將總督府旗懸於其自己之旗下其傲慢無禮不可言喻總督聞知此事時適該支丹因事來巴城總督府幸得比機會乃反覆丁寧詢其實否并謂如果屬實則爲大不謹愼懇切開導無微不至當時該

支丹巧言令色對以決無此事且立誓忠實服從政府不料陽從陰違怙惡不悛其宮殿旗章依然如舊本總督府見此等叛逆行爲之表示頗欲一聞該支丹之目的究屬何在乃正欲招彼來巴城而該支丹已與其長子潛遁不知所在矣故利育羣島支丹已成虛位巴城總督府萬不得已乃立其太孫爲支丹以承該支丹自行放棄之後

今不問舊支丹卜居何處巴城總督府仍規定月給二千盾以示體恤此布

右一千九百十一年三月十二日公布

利育支丹之辯解

▲利育支丹之辯明書

現任利育羣島支丹謹將此流寓之顛末及荷蘭人不法之壓迫萬不得已而去故鄉之苦衷公訴於世界同情諸君子之前

荷蘭人誣余爲背條約有叛逆行爲有不遜舉動然余實無之竊思余自委荷蘭人以徵稅之重要政權以來在其保護之下十分從順不料如虎似狼貪婪無厭之彼等不獨欲干涉余一切之政治并以爲余爲支丹不能飽其貪慾蓋余之領

內地上地下寶藏極富故荷蘭人對此大起野心然余決不能任其所欲以致大招彼之憎惡本月初彼等齎諸種文書迫余蓋印余不願輕棄余之權利乃斷然拒絕之不料後數日因余之臣下出一殺人犯者余往裁判其地由余之宮殿約一日路程翌日事畢歸時途上忽爲一隊荷蘭兵士所要襲前後圍繞及歸宮殿彼等竟當余前搜索余之宮殿倉庫并以軍艦一艘碇泊海岸將礮口直對殿門以威嚇强迫余及余之近臣嗚呼、余等在余所統治之人民前受荷蘭兵不法之處置如待囚虜余尚何望荷蘭人之能以公道遇余耶故與余之親近乘隙脫虎口托身於尊重正義自由之鄰鄉也

余去後彼等擁立余十歲之孫宣言爲名義上之支丹蓋欲借此以收拾余治下之人心而此後得任意略奪我領內之富源以填滿彼等之狠慾也雖然、正義在天天豈竟永許此等之無法而不一懲也耶（譯者曰呼天天不應蓋亡國之慘實屬可憐之甚者也回顧吾國之上下內外之現象能勝幾何言念及此不寒而慄嗚呼吾尚何暇憐他人哉）

譯者附加柔佛新條約之概略

譯者附加柔佛新條約之概略

譯者曰、柔佛情形。今昔已大不同。回思井上君來遊。不過三四年間事耳。然國際之變遷。誠有疾如迅雷者。本年(一九一四年)五月初旬。柔佛王致一書於海峽殖民地總督曰。「近來身體不佳。擬暫旅行。詢之宰臣。亦以爲可。惟欲改良柔佛政治。擬請英政府承認。將一八八五年之條約第三條改正。之廢理事官制。而新設總務顧問。尙祈許可見覆」云云不數日。遂宣布改正。署名者、一方面爲柔佛王。一方面爲海峽殖民地總督。其大要如次。

柔佛王對於英政府所特命之總務顧問。宜爲預備邸宅

總務顧問。除馬來原有之宗教慣例外。關於凡百行政。均有參議及處理之權力。

總務顧問之經費。由海峽殖民地總督規定。由柔佛政府支給。

柔佛之國庫歲入。宜從總務顧問之忠告。改正編制。

發表後、某報謂此次柔佛王割讓大權與英國。其表面上雖係出於自請。而裏面實經多翻交涉所得之結果云云。

又倫敦善雷芝報謂柔佛與英國逐漸親密。在一八八五年前。彼固儼然一獨立國也。除外交由英政府交涉外。一切內政。杳無干涉。至一八八五年。柔佛王意屈。承諾聘英人爲理事官。嗣後各種政務。均諮詢理事。今又改正前約。特設總務顧問。除馬來宗教上之儀式、不加干涉外。其餘一切政務。均有執行之權力。簡言之、卽柔佛王國已由特別之地位。降下一級。而與其他之聯邦各州同等矣。聞此次所任命之總務顧問。爲老練之克姆倍爾氏。此後租稅之收入。政費之支出。悉歸其管理。故柔佛今後之發展。必有大可觀也云云。

綜觀以上各節。則原著中所謂柔佛在表面上。名爲王國。與馬來聯邦各州異趣云云者。今則事實上已稍不同矣。寄語井上君。其今昔之感。當何如耶。雖然、西力東漸之風潮。又豈僅捲蕩柔佛已哉。吁、

數百年來之知己

第四　荷屬諸島之情勢

一、自日本至荷屬

自馬來海峽而南。放眼海上。水天一色。細浪奔逐之處。但見無數島嶼。羅列眼界。右舷則蘇門答剌島。聳然於模糊隱約之間。左舷則婆羅洲島、亦現出於吾人所執之千里鏡內。及過彭加島入蛙達灣。見前面有如雲如山煙霞飛騰之處。卽荷屬東印度之中心地。數百年來吾人之舊知己。所謂爪哇島者是也。

在德川時代之初期。日荷貿易頗盛。故激動我國民對於海外之興味及知識、甚屬不少。此讀史者所公認者也。然星移物變。幕府漸取鎖國政策。而荷蘭船之來長崎者遂日少。於是吾國人對外之眼光。又復閉縮。而萬里遠征之壯志頓挫。自後遂無語及南洋者。今也我國民之心血。專貫注於歐美。或熱中於中國。而求能探索爪哇、蘇門答剌等之富源者蓋極少。按當幕末維新時代之新知識。大半由荷蘭人所輸入。故新日本之建設。受彼等無形上之感化者甚深。然所謂荷蘭人者。又皆以爪哇爲根據地。而向東方漸漸進步者也。今乃不以爲意。對於最宜親炙之南洋。知識甚

距離近富源多

淺視兀立於我大門前之荷屬各島。如在別一地球。其冷淡疎忽。誠令人遺憾萬分而莫測其所由也。

舊時東西交通其惟一之關門。不在馬來海峽。而在牲達灣。西人之文明。既以此爲中繼而傳播於東方。西人之勢力。亦卽以此爲中繼而發展於東方。然今人皆知新加坡而不識巴城。能瞭然於彼處之島爲何島。人爲何人。富爲何等者。除一二糖業者外無聞焉。普通輪船自新加坡至爪哇北港丹容婆寥克僅三十餘句鐘。且由此地與蘇門答剌、婆羅洲、西列倍斯等島之海上交通。又極便。（後章詳述）今揭視察南洋最簡單之旅程旅費如下。

	頭等	二等	日數
自神戶至新加坡	一四〇元	一〇〇元	一八日
自新加坡至巴城	六〇元	五〇元	二日

卽一百五十元乃至二百元足矣。或以新加坡爲中心。踏查馬來半島各要地。或以爪哇爲根據。視察附近各島嶼。其費用每月十元乃至十五元。則住宿、火車、輪船等

費皆得支給矣。其距離無論較世界何處均近。其富力無論比五大洲中何洲均勝。此一大發展地活現於我亞細亞之南方。而乃熟視無覩。是豈得謂膨漲思想發達之國民也歟。

荷屬在留之日本人

吾人上考日荷關係之歷史。下察國民對南之現狀。實含著無量之感慨。抱著無限之悲憾。以巡歷南洋各島。視察各種之產業。調查貿易之趨勢。以下當分章論之。茲先表示荷屬在留之日本人數如下。

▲荷屬東印度各島之日本人數（據明治四十四年十二月末之第三十一統計年鑑）

地名	男	女	合計
爪哇	三一三人	二九三人	六〇四八
蘇門答剌	二八三	三四八	六三一
婆羅洲	六三	一二五	一八八
西列倍斯	四五	四三	八八

亞　羅	一五八	八一	二三九
其他附近諸島	三三	三六	六八

更舉英屬婆羅洲、及英保護領渤泥（又名文萊埠）之日本人數如下

英屬婆羅洲	男九四人	女一五二人	共二四六人
英保護領渤泥	一七	四	二一
以上合計（連上表在內）	男一〇〇五人	女一〇八〇人	共二〇八五人

右表不過大略。尙未精確。且在蘇門答刺之日本醜業婦較前表所揭多遠也。巴城之設帝國領事館也始於明治四十二年。距今僅五年前事耳。蓋自中日戰役以後邦人海外發展之心漸熱。對於南洋之興味亦頓生。至明治三十一年我國貿易統計表上又添設（荷屬東印度）一門。實因我國製糖業之勃興。及飄揚太陽旗章之商船。出入於甡達灣者年年增加故也。現我國人之在爪哇島泗水市者有三井物產公司分行。及稻垣、潮谷兩行。專販運各種貿易品。次之爲高橋、岡崎等各商

日本之主要商店

店。最近有田中兄弟照相館及農商務部練習生橋本健一氏所營之雜貨業。在三寶瓏市者有小川、横山、兩藥舖。林、永山、兩雜貨鋪。及南洋貿易商會等。其他蘇門答剌島之眉堂市有澀谷長五郎。西列倍斯島之馬呷沙港有荒木半四郎。皆在荷屬二十餘年。最爲該處先輩。此外我國商人。大半以營藥舖、美術品及雜貨業爲主。照相館亦在在散見。眉堂市有日本人協會。爲同胞謀便利。購有日本人公共墓地。其規模頗宏大。又別設日本人倶樂部。此地邦人勢力。較之馬來半島各地。尙屬微弱。然將來希望實無限量。吾人欲於本篇說明之。

二、七十萬方哩之富源

漠然統稱曰南洋諸島。則荷屬以外。有英屬焉。有德屬焉。且也婆羅洲、則爲英與荷分有。新基內亞則又爲英德荷三分。至若菲律賓則又爲美屬矣。故本篇所記。僅以荷屬東印度 Dutch East India 各島爲主。或以敍述之便。兼及英德之設施。

吾人此著、非單純之旅行日記也。山之秀、水之清。世間當自有人描寫之。若欲華麗其詞、誇張其語、凡耳目所及之處。悉數敍述。則雖累數十卷秩而不能盡。且專紀遊與而不顧順序。快則快矣。然讀者對於南洋全般之知識。仍不能得其要領。故本篇但以必要與否爲前提。如有紀錄之必要者。則雖乾燥無味之平面的描寫。亦不避也。請先錄荷屬諸島之面積與人口如左。

荷屬東印度之面積與人口

▲荷屬東印度之面積及人口表

地名	面積	人口
爪哇及馬士剌島	五•〇五五四方哩	三〇〇九•八〇〇八人
蘇門答剌　西海岸	三•一六四九	一七二•一七七二
東海岸	三•五三一二	五六•八四一七
倍克倫	九三九九	二〇•四二六九
浿奔	一•一二八四	一五•六五一八
巴倫彭	五•三四九七	七九•六三五二
亞丁	二•〇四七一	五八•二一七五

婆羅洲	西海岸	五•五八二五	四五•〇九二九
	南海岸及東海岸	一五•六九一二	七八•二七二六
西列倍斯	西列倍斯,	四•九三九〇	四一•五四九九
	美拿登	二•二〇八〇	四三•六四〇六
利育羣島		一•六三〇一	一一•二二一六
彭加島		四四四六	一一•五一八九
皮利冬島		一八六三	三•六八五八
莫剌哥羣島		四•三八六四	四〇•七九〇六
基莫兒羣島		一•七六九八	三〇•八六〇〇
拔黎及蘭勃克島		四〇六五	五二•三五三五
新基內亞島（荷屬）		一五•一七八九	二〇•〇〇〇〇
合計		七三•六四〇〇	三八〇•〇〇〇〇

(備考)上表係據一九〇五年統計。其間人種之別。有一百二十九種。無論其言語之雜。卽小學教科書已達十七種之多，惟一切布告文件等概用荷蘭語。又添注馬來語及中國語於其下。

上表人口之種別如下。

歐美人	八•〇九一〇人
荷蘭人	七•三七九四
德國人	一四〇六
英國人	三一二
法國人	一八四
瑞士人	一九七
比利士人	三一二
墺國及其他各國人	四七〇五
中國人	五六•三〇〇〇

阿剌比亞人　二•九〇〇〇

其他東亞人　二•三〇〇〇

土人　三七〇〇•〇〇〇〇〇

- 馬來人
  - 純馬來人（爪哇西部住民）
  - 蛙達人（同上）
  - 爪哇人（爪哇中部）
  - 拔黎人（拔黎島）
  - 馬士剌人（馬士剌島）
  - 巴他克（蘇門答剌北部）
  - 大厦克（婆羅洲內地）
  - 亞爾封捕基內斯（婆羅洲及西列倍斯島沿岸）
- （新基內亞）巴坡亞人

前記荷蘭人中。生長於東印度諸島者。

男　三•二〇二六人

女　三•二三八八人

合計　六•四三一四人（此中混血人居多）

日本全國領土之一倍半

荷屬東印度之面積總計七十三萬六千方哩。較之荷蘭本國約在六十倍以上。其人口亦占本國之六倍有半。若與日本面積相較。約當我本州八倍有半。夫以我日本全國。卽合本州、九州、四國、北海道、樺太、朝鮮、臺灣而統計之。尚不滿三十萬方哩。

以與荷屬諸島七十餘萬方哩之面積相比較。豈非尙未足以達其半者哉。而其人口則僅僅與我本州一島相匹敵。故除爪哇一島外。皆人煙稀少之無人島耳。吾願主張滿韓集注論者。勿紛紛爭執。須知世界甚廣。富源甚多。卽使國際關係稍有障礙。然苟施之以道。行之以禮。用文明之法式。處處保持我高等國民之修養與態度。則無論何處。誰敢爲人道之敵。公益之抗者耶。

無盡藏之生產力

他若欲研究荷屬各島之富力。則須先調查其貿易狀態。（參觀後章）查明治四十三年。荷屬東印度輸出入總額。共七億九千七百八十九萬二千六百三十三盾。平均每人約二十盾。（約十六圓）與日本國民之平均每人貿易額。殆相伯仲。以僅僅三千八百萬之居民。且係極簡單、極幼稚之土人生活。而其貿易額之高。竟與有一等國榮譽之我國相同。覩此事實。而猶以視朝鮮、視樺太者。視南洋。此種人吾無以名之。名之曰無神經之癡漢而已。況上記貿易額之大部分。皆在爪哇一島。若異日其他各島全部開發後。又將如何。故無盡藏之富源。今尙委棄於南洋各島者。實不知凡幾。蘇門答剌面積、約爪哇之二倍。婆羅洲、約四倍。西列倍斯、亦較爪哇大二萬方哩

熱帶何足懼

以上。荷不往而開拓之。則無異視天賜之富源如草芥。蓋荷蘭政府之好惡。一視我資本與人材之適用與否。以爲斷。荷以最善之方法。開其富源、闢其沃土、有誰不愛生產力之增加者。況日本國民。已與歐美人受同等之待遇。有同等之權利也哉。

世人之論南洋者。每明知其天產之富。而以其氣候酷熱、有害健康爲慮。雖多年鎖國政策之結果。養成一般徘徊顧望、不忍去故國河山之習慣。實亦不得已之事情。柰偶促故鄉。有傷大國民之素質。何況南洋氣候。吾人在新加坡篇中。已列表載明。其平均溫度。無逾華氏八十度者。杳無可怖之理也。荷屬各地亦大略相同。據荷屬政廳精密之調查。海岸附近之地。長年平均不出八十度內外。即內地最熱之處。偶有達百度之時。然亦不過在旱期中最短時期之暑熱而已。四季輙風拂袂。雨量極多。驟雨一下。暑氣全消。且南洋特有之氣象。四季雖和風不斷。而卻無烈風飆風之虞。以風力最強之彭達海。而輪船航行。毫無困苦。其海波之穩靜。宛如琉璃也。

▲荷屬諸島雨量表（單位爲密里米突）

地名	正月	二月	三月	四月	五月	六月	七月	八月	九月	十月	十一月	十二月	合計

巴城(爪哇)	三二三	三三九	二二五	一三四	一〇三	一〇〇	七六	三六	七〇	一三〇	一四一	二〇四	一八四三
泗水(爪哇)	三〇九	二八四	二六三	一六六	一〇〇	八九	五一	二〇	一三	三八	一一四	二四〇	一六九七
拔堂(蘇門答剌)	三五二	二五四	二九四	三六三	三一三	三〇〇	三二三	三六一	四一三	五一七	五一〇	四九二	四五一一
彭卻拿克(婆羅洲)	二五七	一八九	二六〇	二七一	二五七	三三三	一六〇	二三三	二〇四	三八九	三八九	三四〇	三一九八
馬呷沙(西列倍斯)	七二八	五五二	四四六	一四四	八三	八七	四二	一〇	一四	三九	一七九	六四〇	二九六四
他內脫(莫剌哥)	二三三	一七二	一七六	二三四	二三五	二〇三	一三九	一二三	九七	一五一	一八五	二二四	二一三一
苦彭(基莫兒)	四九三	三八六	二一五	六五	三三	九	六	三	二	一	九五	二五三	一五一七

風土病與文明國民無關

次論最可怖之熱帶地方傳染病。按南洋諸島。黑死病尚未發見。其最多數者。莫如馬拉痢耶。(如霍亂症)然其死亡率不過占患者總數百分之二分半。荷蘭政廳設有陸軍病院三十三所於各地。(專收歐洲人及與歐洲之對等國民)據其調查該項病院內病人之患馬拉痢耶者當總病人數百分之二十八。然其死亡率不過千分之五。(卽$\frac{0.50}{100}$)馬拉痢耶外其最足令人寒心者爲虎疫及腳氣症。虎疫之死亡率約百分之六六乃至六七。專流行於土人之間。腳氣症、則以彭加島爲最盛。此外痘症流行亦盛。然種痘者可以免疫。要之傳染病雖屬可怖。然此等病、每流行於土人及中國人等不清潔不攝生之輩。文明國民之間蓋甚少也。茲列一千九百零七年巴城死亡率如下、

歐洲人	千分之二八・三	
土人	,,	五七・〇
中國人	,,	三四・〇
阿剌比亞人	,,	三一・〇
平均	千分之四九・六	

上記平均死亡率、雖覺甚多。然僅就歐洲人觀之。則又甚少。可知能講衛生。雖熱帶地亦不足懼。且近年荷蘭政廳大注意於健康。各島港口均設檢疫所。嚴厲檢查。而一般病院之成績。亦年年進步。故死亡率已日減少矣。

中國古代偉業

三、國破山河在

荷屬東印度諸島之名。在吾人腦中。決非新名詞。徵之史乘。如中國古代之大旅行

家法顯之佛國記（西歷四百十一年）有記耶婆堤事者言遍歷印度後自錫蘭島發海風搖簸者三閱月達耶婆堤（即爪哇島）唐史稱社婆宋史稱闍婆并謂其地以椶梠覆屋頂以象牙爲牀威令肅行道不拾遺其俗梳椎髻戴金鈴出入乘象或輿國王出壯士五六百執干戈相從國人見王則伏地俟其過乃起云云皆指南洋言也至元時威震四方、遣使爪哇招降爪哇不聽反黥使者之面令歸元怒乃以史弼統大軍征服之得金銀、圖書、王族、而還於是爪哇遂爲中國有及至明代中國對爪哇之交涉更繁當時蘇門答剌已稱爲三佛齊而屬於臣服中國之爪哇領下廣州地方之逃民大半移住蘇門答剌以海賊兼商賈爲業明朝遂設宣慰使署於彼以膺統治之任。此外所謂花面國者。卽今之沙爾古是。麻逸凍者。卽今之彭加島是。婆羅者、卽今之婆羅洲。文萊者、卽今之渤泥、吉里地者、卽今之碁莫兒、蘇祿者、卽今之鎖魯是也。此地與西方印度、交通最早。故佛教之來、亦在遠昔。今日之廢墟殘址。蓋無非瞿曇氏之感化遺風也。繼佛教而傳入其地者。卽爲摩罕默德教。（譯者按大旅行家法顯係晉僧法顯以後有唐僧玄奘義淨二人其與印度南洋兩處之因緣亦甚深唐僧以後則有明太監鄭和奉命巡閱南洋者七次其勢力直及於南非洲至今南洋土人稱鄭和爲三保大人奉之如神吾人譯至此不禁擲筆三歎吾祖宗之偉業宏且大也子孫不肖國勢日衰今則不獨不能對外發展而中原本部亦有岌岌不可終日之勢吾不知吾國內父老讀此其對於南洋之觀感如何吾更不知在南洋二百萬華僑同胞讀此其觀感更如何也嗚呼內觀國政外察僑情予欲無言）

亞細亞之古國

故爪哇及附近各島。溯其歷史之遠源。實一亞細亞之古國。唐宋以來。與安南暹羅。同朝貢於**中國**。奉其正朔。而**中國**人之來集南洋者。因此亦接踵不絕。自其後荷蘭人東征。世界歷史。遂別開新面。海波如珠、旣淸且穩之大島小島各口岸。均來異色異相之巨人。以驚動棲住此處之原始的民族之目。此實多感多恨之第一幕也。雖

荷蘭人之東征

其前尙有西班牙、葡萄牙人。茲姑不論。至西歷一千五百六十五年。荷蘭人披覽海圖。以一艦隊橫印度而東。不幸全隊覆沒。越三十餘年。荷蘭人再組織艦隊。共二十二艘。衝長風、破怒浪、殺到牲達海。而於是其經略東方之基礎始定。設立世界有名之荷蘭東印度公司。自喜望峯以東、至馬塞蘭海峽之間。其文武全權。荷蘭政府悉委託於該公司。此西歷一千六百零二年事也。從此荷蘭勢力。駸駸日上。先設根據地於彭丹。次移於安保怡拿島。至一千六百十九年。遂打破爪哇王之軍隊而奪其居城。改設總督府。卽今之巴城是也。先是西班牙、葡萄牙、英吉利三國。與荷蘭競爭

南洋勢力最烈。戰爭屢起。一千六百零二年英荷連合以破葡國艦隊。復擊沈西葡聯合艦隊於莫剌哥羣島附近。及其掠奪爪哇時。遂與英人戰而驅逐之。一時銳鋒不可當。一面又派使節入日本。締結一千六百十年之日荷通商條約茲錄當時之歷史如左。

一六二二年　荷蘭占領臺灣。（越六十三年、荷蘭人退出臺灣、）（譯者按為鄭成功入臺灣時所逐）

一六三六年　日本拒絕荷蘭以外之通商、且移商埠平戶至出島。

一六八五年　荷蘭占領錫蘭島。

一七〇五年　荷蘭與蘇門答剌王約得婆倫岬兒。

一七二二年　斬巴城謀叛首領及徒黨四十七名。平定全地。

一七四〇年　巴城中國人謀反抗戰。敗被殺者萬人。（譯者按因反對人頭稅前後大小凡六戰共死傷六萬餘至今巴城有紅河即當日戰場因被殺過多水變成赤故名戰後荷蘭遣使北京請罪蓋其時尚未深悉吾國內情恐成吾國與師問罪故也不料前清以海外華僑均係明末鄭成功之遺孽遂答之曰僑民均係亂黨並非大清子民朝廷向不過問云）

云於是六萬同胞含寃於十八層地獄之下矣嗚呼吾不知今日僑居荷屬之數十萬活僑胞尙念及此含寃異地落魄紅河斷祭祀斷香火之先民而一爲之馨香頂禮否耶（一）

東印度公司時代

一七四五年　塞里蓬至彭王奇之地、歸荷蘭東印度公司所有。今東印度總督衙門所在地配天熟耳夫（舊名肯崩巴耳）定爲荷蘭屬領。

一七五五年　二分爪哇。爲梭羅、若夜、兩王國、

一七八三年　英國還蘇門答剌西海岸侵地於荷蘭。

一七八七年　婆羅洲王割讓婆羅洲東海岸於荷蘭。

一七九五年　法蘭西大革命之際。荷蘭共和黨舉兵應之。荷蘭王維廉五世奔英。英國遂代荷蘭以統治爪哇、及其他殖民地。

一八〇〇年　荷蘭東印度公司解散。

十七世紀之初至十八世紀之末。先後二百年間。爲荷蘭東印度公司全權時代。一切宣戰之佈告及城塞之建築。與諸酋長條約之締結。全經該公司之手而施行該

公司以六百六十萬法郎之資本而成。其最初目的在握東西兩洋之商權。故銳意經營商務頗爲奏效。關於土人之信教、風俗、習慣等絕對不加干涉。務避去政治上之行動。及英人東渡。爲其勁敵。乃變其政策。注力於政治以擴大領土爲第一要務。於是公司財政漸窘。事務漸廢。重要職員之欺騙股東以貪非分之利益者又續出。一千七百九十八年。荷蘭政府、遂斷然議決解散。其所負一億三千四百萬法郎之債。由國庫承繼負擔、而改作官辦。繼續經營矣。雖然、東印度公司二百年來之努力與經驗。不可湮沒。且荷屬各島統治之根基。全係該公司所築成。有此燦爛可貴之歷史。故雖至今日其大體上、仍襲舊公司之方針者。亦不少也。

東印度各島之波瀾迭經

十九世紀之初。正値歐洲大陸多事之秋。而荷屬各島亦復波瀾迭經。自荷蘭王出奔英國以後。荷屬各島均托英國管理。至一千八百零二年之阿米尼恩條約告成。乃除錫蘭島外。悉歸荷蘭舊主。然未幾荷蘭又爲法國所合併。東印度各島亦同時轉移而成法屬。繼又移入英人之手。至一千八百十六年荷蘭脫法國羈絆而獨立。更與英國互相提攜。以防法人之侵犯北歐。且知南洋各地、英荷兩國利害錯綜紛爭不絕之可憂也。又互結條約。以喜望峯殖民地及錫蘭島二處以外之地。盡歸荷蘭。至一千八百二十四年。荷蘭又承認交趾中國、馬來半島沿岸新加坡、檳榔嶼、馬剌甲、及馬拉拔諸殖民地爲英國勢力範圍。英國亦承認爪哇、蘇門答剌、婆羅洲、及附近各島。爲荷蘭勢力以相報酬。而相約各不侵犯。

荷蘭政府之經營

爾來荷蘭政府之經營東印度諸島。年年進步。造鐵路、築港灣、整備各種交通機關、開鑛、興農、公布半官半民之耕作法令。銳意經營。不遺餘力。以致今日之盛。然其間有不可不一記者數端。卽一千八百二十五年時。土人納克洛者。僭稱爪哇王。舉旗以叛荷蘭。交戰亙五年之久。土人勇而善戰。荷蘭人之死於此役者。共一萬五千人以上。雖土人終歸失敗。而馬來人至今猶崇拜納克洛甚篤。而祈禱納氏之再生。此其一也。婆羅洲之中國人。屢次反抗。此其二也。（譯者按近年以來絕無此等事實一因巴城有總領事萬事均可正式交涉二因書報社及學校等公益事業年年發達其民智民德已大進步故也）英人勃羅克以遊歷荷屬爲名。入婆羅洲北部。誘服一土人王族。於一千八百四十年。建立沙拉滑克王國。又置渤泥王於英國治下。一時英荷兩國。頗起紛議。荷蘭執一千八百二十四年各不相侵之條約以相爭。英國則謂駭條約內。凡荷蘭勢力所尚未波及之地。並不含入爲詞。不得已遂割婆羅洲爲英荷兩國所分屬。此其三也。此外蘇門答剌島土民。亦曾於一千八百二十二年時、起而叛亂。彼此干戈相見者約十年。今雖服從荷蘭之統治。然人心尚甚强猛。頗難致治也。

日本德川時代之日荷通商

吾人於此、不得不轉而一察日本與荷屬各地歷史上之關係焉。請按年譜。舉其大綱如左。

一六〇〇年　荷人耶揚、英人安針、共乘荷蘭船來堺浦。（日本地名）

一六〇一年　安南始來聘修好。　此年定朱印船額數。

一六〇三年　正月、呂宋獻方物。四月、柬埔塞又進方物。當時朱印船所至之埠有十九、即六坤、太泥、新州、天南、田彈、滿剌加、臥亞、呂宋、亞媽港、安南、東京、占城、柬埔塞、暹羅、順化、加知安、西洋、密西耶、艾茱、是也。可以知當時海外發展思想之盛矣。

一六〇五年　山田長政氏入暹羅。　又藥業者某。與渤泥通商。

一六一〇年　開平戶（日本地名）爲商港。與荷蘭人結通商條約。
一六一三年　英人請通商、德川家康許之。
一六一六年　高木作右工門氏在馬陸上陸。伊達政宗氏造大船至呂宋。又
此年支倉常長氏、託英人與政宗通信。
一六二三年　荷蘭占臺灣。長崎人末次氏至臺灣。大受荷人之辱。後濱田彌
兵衞氏往該島大責荷蘭人之非禮。爲我日本國吐氣。
一六二六年　高砂德兵衞氏至東印度貿易。
一六二七年　小倉商船、至爪哇購伽羅。森田長助氏往暹羅。津田長右衞
門氏自暹羅齎佛像還。
一六三四年　停止朱印船。越二年、禁商船外航及建造大船。放南蠻人於媽港。
蓋其時外敎之禁漸嚴。實行鎖國政策之時代也。
一六四四年　外國船侵長崎。擊沈之。自此與外國停止貿易。僅許荷蘭船通商
而已。

第四　荷屬諸島之情勢　一一一

一六五二年　嚴禁耶教。悉懸賞捕拿。前後被戮者達三十萬人。沿海禁備極嚴。此時南蠻人來侵。亦被擊退。但從此海外通商事業日衰矣。

一六六二年　鄭成功氏歿於臺灣　先是荷蘭已占有臺灣。爲成功所逐。

一六七二年　禁輸銀出境。

一六八二年　限定輸出品額。僅許荷蘭人得由我國輸出雜品値銀十萬兩。銅値銀二十萬兩　此年荷蘭船甲必丹賫洋樂來奏。

一七〇〇年　規定每年通商船、以五艘爲限。

一七一二年　限定荷蘭船每年准進口兩艘定額輸出銀五萬兩。銅一百五十萬斤。

一七三三年　輸出銀及銅、各減三分之一爲定額。

一七四三年　減輸出品之半。厲行縮少方針。荷蘭人因此失利。每哀訴請願不止。

一七四六年　改荷蘭船貿易定額爲銅一百十萬斤。金一千兩。　嗣後貿易額漸減。通商漸衰。

一七九〇年　外國貿易船入口者。荷蘭船以一隻為限。（中國船減至十隻為限）銅六十萬斤為定額。

一七九九年　荷蘭人雇美國船入長崎港。

一八〇三年　美國船來長崎。求通商。

一八〇四年　俄國遣使來長崎。求通商。

一八一八年　英艦來浦賀。求修好。

一八三九年　英人侵廣東。翌年奪舟山島。再翌年英法聯合入北京。清帝遁熱河。一八四二年結南京條約。割香港於英。定上海、寧波、廈門等五口通商。

一八五四年　與英美俄各國和結通商條約。開下田、函館、長崎三處為商港。翌年更與荷蘭人改訂條約。

（此後之事、世人之記憶尚新、故略之）

數億之富被奪於荷蘭

閱者讀以上年譜。其感慨當何如。溯自十六世紀之末。至十七世紀中葉。我國民之對外思想。大有旭日昇天之勢。朱印船之所向。幾以中國海作庭池。而遠達太洋洲。載壯志於一葉孤舟。向四海以雄飛。不幸自禁外教以後。嚴行鎖國主義。於是海外事情。末由知悉。惟每年藉長崎入港之一二荷蘭船。以傳輸文明而已。然此等荷蘭船。又非由其歐洲本國來。皆係由爪哇來者。故雖云日荷貿易。實則日本與南洋之貿易耳。自一千六百十年長崎開港以後。每年荷蘭船之入港者。約七八艘。日本金額輸出者。年五百萬圓、乃至一千萬圓。故至一千六百七十二年禁止銀之輸出時爲止、我邦貨之被荷蘭吸取者。至少亦四億乃至六億之間。肥荷蘭商人之囊橐者。其利益之大。洵屬非常。至今尚遺載於荷蘭史籍。其後荷蘭船入口、漸加限制。荷蘭人之得利雖不如舊。然荷蘭商人巧詐。仍能私運定額以上之金銀銅各貨以去。實永久不能忘其好味者也。

千秋之大恨事

幕府時代之鎖國主義。果係擁護國家之良善政策與否。吾人姑不深究。然稽當時形勢。彼外教徒之入異邦也。藉宣教之名。以試其大膽之政略的行動。觸其毒牙者。

奮起直追以完我先人之遺志

概致亡國雖至現代其基督敎與國家主義在思想上尚不能兩立即英法德美基督敎國之最强盛者今亦著手將國家敎育使與敎會分離言念及此則以幼稚素樸之德川時代而遇最尚侵略之天主敎塞西脫派若任其來而不禁則其危險之甚實不可以言語形容恐日本全國已早爲第二之安南緬甸矣（譯者曰吾人讀此不寒而慄矣回顧吾國膠州灣也各地之關敎案也團匪事件之大賠償也追本窮源蓋無一非供異敎入邦之犧牲今者國民敎育尚甚幼稚且不普及而自民國成立以來倂此幼稚之敎育亦有停滯不進之勢助成德人之膠州大學英人之香港大學美人之濟南大學金陵大學年年擴張此外淸心書院約翰書院中西書院滙文書院遍立各地任多數有爲之青年日受在思想上與國家主義國民敎育不能兩立之基督敎敎育吾國隱憂大患莫甚於此蓋阿片可禁纏足可放政治不良可改革財政不裕可整理惟此異思想之敎育一旦成就實有萬劫不復者雖敎會學生亦頗有熱心國事者然每可者一而不可者恆什也嗚呼政府嗚呼國民盍亦一念及此乎）惟可惜者、國民對於海外進取冒險之精神一時爲政令所拘束壯志頓挫亙德川三百年間使我國民醉夢於桃源鄉裏徒讓荷蘭人以獨占大利、而不可恢復豈非千秋無上之大恨事也歟

嗚呼、南洋之島蛙達之水吾祖先曾醉心其地且派有爲之士往灌其土吸飲其水之處也今馬來之國既滅土人之勢亦墜然山河依然淸秀如故及今圖之猶未爲

晚。深望吾國民之奮起直追。以完我先人之遺志也。

四、荷蘭之殖民政策

荷蘭以歐洲蕞爾一小國。能不蹈西班牙、葡萄牙之覆轍。保持其大於本國六十倍之屬土。統轄其多於本國六倍餘之土人。至今猶不失其霸權。此實吾人觀察荷屬各島之制度文物時所最敬佩不遑者也。是豈僅憑藉多年歷史上之餘威歟。抑其殖民政策之奇妙、有以致之歟。或因土人無智無識之故歟。抑別有特種之因緣歟。

殖民政策之研究

吾同胞今日已握有台灣、樺太、朝鮮各處。對此荷蘭之殖民政策實負有必須研究之義務。不獨此也、將來我國民之對於海外。尤不得不益求發展。則對此問題。當有多大之興味。茲舉其制度之大要、及二三特色如左。

總督之位置與權限

荷蘭各島、自東印度公司解散後。由荷蘭國王所親任之東印度總督統治之。其任期為五年。締結條約、分割領土及未得許可而支豫算以上之支出等等。雖總督亦無此權力。惟在其掌管之區域內。對於王族、土民間之宣戰、講和、或締結條約等。均有特權。此外官吏之任免。如陸海軍將校。及本國法規上所無之官職。皆歸其掌握緊急之時。又有特發總督府令。以代一切法律及命令之權力。惟因鑒於東印度公司時代之腐敗。故總督及重要官吏之分限令頗嚴。不問直接間接。凡屬官吏均嚴禁參與營利事業。及公債、土地股分等之所有權。各種施設均有申請殖民大臣、轉報本國政府之義務。又無國務大臣副署之勅令及其命令等均不得實施。故總督之權限雖似甚大。而受本國政府之監督。蓋亦不輕也。

荷屬中央政廳之組織

總督府設於爪哇巴城。分內務、司法、工程、官業、農務、勸業、財政、海軍、陸軍九部。各部有勅任部長。以執政務。惟陸海軍兩部長則爲親任官。以中將或少將充之。總督以下有副總督。又有最重要之顧問機關名曰東印度評議會。該會設副議長一人。評議員四人。由地方理事官或知事中舉二人。有裁判事務經驗者一人。總督府中央官廳一人。卽以地方官二名。司法官一名。及中央官廳代表者一名。（均勅任）以組織此評議會是也。又總督關於左列各項。必須得評議會之贊同。

一、關於發布中央及地方行政之命令、及規則。

二、關於土民及酋長政治上問題。卽和戰宣告及其條件等。

三、財政之收支。

四、戰時或內亂之際行政命令所應取之施政方針。

五、非常之時臨時處置之方針。

六、重要官吏之任命。

可知東印度評議會雖名爲顧問府。實則一頗重要之政務機關也。若總督意見與評議會不相一致時。則請荷蘭國王之裁可。然或緊急無暇申請時則可由總督負完全責任而施行。總督缺席時。由副總督、評議會副議長、評議會議員之年長者之順序代理之。（評議會制度係舊時東印度公司時代之遺制每星期開會一次）

理財部之地位

此外更有一重要機關曰理財部。直隸於荷蘭國王。設總裁一名。理事六名。執行荷蘭屬全部財政之審查及整理。即日本之會計檢查院、而兼財政部理財局之任務者也。（總督官房設書記官長及一等二等各書記官數名）

地方政務機關之組織

至其地方行政之組織。可大別爲二（一）爪哇及馬士剌島。（二）其餘外部各領地。計共三十八州。各州置理事官。以連絡中央與地方之意旨。但外部各領地、其間有因王族及土民、須嚴重監督之地方。則任命知事以代理事官。又任命知事時。或因軍事上之關係。有以陸軍將官充之者。以便實行軍民合治。如蘇門答剌島之亞丁州是也。（該地人心未靖頗爲難治之地）然此乃對於特種地方而言。至一般大體上知事與理事官其實質殆約略相同。而理事官或知事之下。又有副理事、及孔脫洛拉。（官名）駐剳各州。各州有參事會。（有官選民選之別）議定地方費。受總督之監督。而課租稅。關於地方行政上重要之法令。有立案或審議之責。其他州之下有郡。郡之下、更分數小區。以便易收統治之效。副理事駐郡。孔脫洛拉、又阿斯俾蘭脫孔脫洛拉駐區。故凡百政令。皆得直達於土民之間。是等官吏、皆係白人。其年俸如左。

中央政廳	總督	十一萬圓
	總督府書記長	二萬圓
	東印度評議會副議長	三萬圓
	同會議員	二萬四千圓
	陸軍部長	二萬六千圓

海軍部長	一萬三千圓
各部長	一萬三千五百圓乃至一萬五千圓
外部領地行政檢察官	仝上
理財部總裁、	一萬五千圓
理財部理事	一萬二千圓
地方官吏 知事	一萬五千圓
地方官吏 理事官	一萬二千五百圓
地方官吏 副理事	六千五百乃至九千圓
地方官吏 孔脫洛拉	三千乃至五千圓
地方官吏 阿斯俾蘭脫孔脫洛拉、	二千乃至二千五百圓

(備攷)知事一職、惟以外部領地爲限。

知事及理事官、年俸以外、又給與官舍、及定額之旅費。特別地方。更有二千五百圓乃至七千五百圓之交際費。

皮利冬及南新基內亞二處。不設理事官。而以副理事代之。駐皮利冬者年俸八千圓。駐南新基內亞者九千圓。

此等官吏皆由文官試驗登用最初爲阿斯俾蘭、脫孔脫洛拉。以後順序陞進。

監督政治之妙用

行政制度之一班大略如此。然荷蘭政府不直接以治其土民。實行監督政治之方針。其對歐美人、及其他外國人。則歸理事官直接掌轄。對於土民。則選舊來之酋長、王族、等以膺統治之任。蓋巧於綏撫者也。現在爪哇島中許土人王族自治者有二州。一曰梭羅王、命治梭羅州。一曰若夜王、命治若夜州。又與二王以泗泗忽南或支丹之尊稱。每年給梭羅王七十三萬二千圓。令執行州內之軍事、行政、及一般之施設。給若夜王三十九萬三千圓。使保其領內之安寧秩序、而行荷蘭政廳之政令。二王又各用其舊臣或貴族。以臨土民。表面上雖不損其舊時威嚴。然另有荷蘭理事官、以總攬州內之萬機。故高等政務。悉爲荷蘭官憲所把持。名爲自治州。實則不過爲荷蘭所驅策之傀儡而已。

土人之官吏登用

荷蘭政廳統御土民之方法。除前述特殊之地方外。其餘另設一種土人之地方長官。名曰雷肯脫令直接以治土民。由舊貴族中之有功勳者選敍。年俸一萬二千圓。其下各設事務官以輔佐之。名曰巴雞。又有土人郡長名維達拿者。（譯者按如吾國一縣下之東西南北各鄉鄉長）亦由荷蘭政廳。給與千圓乃至二千六百圓之年俸。他若與我日本之町村長相當之吏員。則由土人之民選、經荷蘭理事官之認可而就任。由其管轄區域內所收得國稅之百分之八。與村田收穫米之一部。充作政費。其下更設下級吏員、及僧侶等以輔之。由是觀之。荷蘭官吏（理事官副理事孔脫洛拉等）駐在之下。更設土人官吏。（雷肯脫巴雞及維達拿等）宛然實行二重政治者也。不知此實荷蘭殖民政策之一特色。卽所謂監督政治之妙用焉耳。

統治土人之根本主義

荷蘭東印度公司。其創始之功業不可湮沒。雖因經營失宜。終歸解散。然多年與土民相親炙。故地方情事。知之最審。在殖民政策上。實與荷蘭人以多大之好敎訓。就中統治土民之根本主義。卽由於『土地之所有者卽人民之支配者』之一語而定。蓋此語、深印於土民腦中。宛如先天的迷信。故荷蘭各島。遂採用土地國有主義。

強制勞働及強制耕

於是土民對於其土地之所有者。遂不得不犧牲凡百權利。以服從其最峻烈之專制政治。雖然荷蘭政廳苟直接以迫土民。則其煩勞之多。經費之大。土民之易起反叛。在在宜備。故荷蘭復起用其舊王及貴族。爲荷蘭膺犬馬之任。此等舊王土酋由荷蘭政廳、（舊時由東印度公司）或許以自治。或借給土地。而彼更分作小區以貸與農民。與荷蘭人約以收入之一部爲己有。其餘全部作爲報酬。供獻於荷蘭人。故此等舊王土酋。對於荷蘭。立於包工人之地位。欲爲自己多收得計。乃強壓其土民。以服勞役。愚昧無知之舊王土酋。反以對於土民有駕駛之權力。以自豪。鞭撻之壓迫之。無所不至。而其結果。則捧獻厚利於荷蘭人。惟土民性甚疏懶。寬遇之。則不勤。不勤則受同胞一分子之舊王土酋等之強壓。而荷蘭人對此反裝作毫無關與之態度。庸詎知荷蘭人對於舊王土酋。其監督甚嚴。擁文武大權以求報償。嗚呼辣矣。此卽荷蘭人對於東印度諸島間接政治之眞相。所謂強迫勞働法實最苛酷（一由一方面觀之。或者甚慈悲一）之政策也。

當歐洲變亂之際。荷屬各島曾一時移交英人管理。英人乃改荷蘭之強迫干涉主

作

義。而尊重土民之自治、自由。然尚未及成績顯著之時。又復歸還荷蘭。故土民亦不甚謳歌英國之自由主義。（但至今日則又追慕英國當年之施政方針也）蓋各島土人。無知無能。但知屈從他人。一旦解其束縛使其自選職業。反沉淪於不能自立自行之窮境。蓋其祖先傳來之習性。已成痼疾。雖施之以仁政。反助長其放逸怠惰之惡風而已。自荷蘭之强制勞働法復活。舊王土酋。又依然充作一種之包工人。兼土民壓迫主任矣。然所謂强制勞働法者。何耶。卽與荷蘭人立契借地之舊王、土酋。欲履行其契約上之報酬。併欲增加自己之收得。乃鞭撻土民以服勞役。將其收穫之物。用極低廉之價買收之。以充貢納及自肥之資之謂也。（由土民自納一定之租稅等等全屬夢想）此實與奴隸制度相差一間之政策也。雖然、土民苟不加强制、卽怠於工作。無人命令。卽不能生產。實亦無可如何之事。彼英人之自治自由主義。所以不見効果者。夫亦由於土民自身不知自營生業以求利益之道故耳。吾人目擊此非人道的强制勞働法。而謂由一方面觀之。或係甚慈悲之政策者。職是故也。夫既强制矣。而荷蘭政府自從東印度公司接收管理後。更將强制範圍推廣之。其領土所有權。極端伸張。除土民生活上

土地國有主義

必須之品。許其酌量種植外。其他種植種類。亦加限制。或咖啡、或藍草、或香料等物。皆以歐洲市場之趨勢及地味之適否爲標準。由政府命令土民耕作之。其出產額大半作爲借地人之貢納固無論已。卽屬於土民自得之部分。亦除荷蘭政府以外嚴禁出售他人。而其出售價格。又全由政府規定。嗚呼、事至如此。試問土人之境遇。與牛馬尙何軒輊哉。彼等惟知逐逐營營於土酋叱咤之下。以度其汗流浹背淚蓄心頭之一生而已。（譯者曰國民看者亡國之慘一至於此回顧吾國國步日艱同胞苟不自奮恐國內之舊王土酋亦正有其人在也嗚呼痛哉）

讀者諸君。世界萬國對於人民。有如此極端的束縛其自由。妨礙其獨立者爲問此外尙有何處耶。强制勞働法。天下已少其匹。至强制耕作法。尤爲全世界所絕無。此斷非過言者也。而荷蘭政府。惟熱中於本國富力之增加。不惜絞土民之血。啖土民之肉。如此不獨不慮釀成他日之惡結果。反益益唆使其舊王土酋。厲行强制耕作法。對於舊王土酋中。視其出產額成績之良善者。政府賞以土地。以示獎勵。一層又一層。實行其怨恨彌天。大慈大悲之惡辣政策。猶幸天道好生。雖荷蘭人中亦不無一二明眼者。如愛德華豆格爾氏所著之小說。名曰荷蘭貿易公司之咖啡拍賣者。

卽其一也。迨識者之輿論漸達高潮。而自由黨勢力。又興起於本國政界。乃於一千八百七十年、禁止强制勞働法。新設田制法。又廢止一般的强制耕作法。惟限於向政府借領土地、適宜於栽培咖啡之範圍。仍施强制耕作法如前。於是土民之愁眉稍展。然對於咖啡種植。則以勞働代租稅。且仍施行强制買收法。如舊不變。蓋其土地國有主義。所謂『土地之所有者、卽人民之支配者』之根本方針。未嘗稍更故也。

荷蘭殖民政策之特色

以上所述、荷蘭殖民政策之大要及特色。讀者各具慧眼。當已領略矣。要之荷蘭政府力避直接政治。而行監督政治。其特色一也。實行土地國有主義。以奪去土民之自立自主心。表示絕對無限大之荷蘭宗主權。其特色二也。因行監督政治。故設二重機關。令理事官、知事等。驅策土人官吏。巧爲操縱。此等土人官吏。一面爲荷蘭政府最從順之包工人。一面爲土民之强打手。大刀手。故其結果。使土民不怨荷蘭人。而惟愁訴舊王。土酋之貪婪。苛虐。噫、此實我國民所想像不到之皮肉政策。性直之日本政府。既不能出棉裏藏針之手段。與朝鮮臺灣之舊貴族舊官吏以表面上之權利。令籠絡新附臣民。而性急之日本人民。亦無如此之遠大深謀。歷數百年之久。猶委託萬事於舊王土酋。其自身力避徵收勞働租稅之名。以免土民之反抗也。又因土地國有主義故。雖强制勞働法已禁。强制耕作法亦廢。然使無土地所有權。則土人之身命。悉爲他人之物。此思想雖甚幼稚。然土人先天的迷信如此。奈何。蓋彼等對於舊王土酋。其卑屈可憐之絕對服從心。亦基於此。雖舊王土酋。亦非土地所有者。不過荷蘭政府之包工人而已。然而土民不知也。尤甚者、舊王土酋。與土民間之借地貢納契約。有依中國人爲介紹者。以無絲毫權力之中國人。竟藉舊王土酋之名。下則課賦役於土民。上則納貢獻於政府。而舊王土酋。不過爲名義上之借地人或契約者。謂非酸鼻之極耶。雖荷蘭當局者。亦頗忌中國人之跋扈。然其殖民政策上有必須如此者。則亦無可如何也。故根本方針不變更。決無改良之希望焉。今惟英德資本家所經營之事業。比較的尚進步而已。（譯者曰華僑在南洋上對政府頗知守法下對土民亦甚融洽從無欺上淩下之舉動其土民向舊王借地而依華僑爲紹介者或因雖係土民而舊王不相識或因土民無身價而舊王不見信華僑不過居中介紹以兩全其美耳試觀上海西人之房屋多者均有經租賬房大半聘吾國人管理以西人向西人賃屋而須就商於中國管理人予等遊南洋時用一中國僕從由在新加坡之葡

葡牙人保薦蓋謀面有先後信用有厚薄此亦人事之常也井上君此言殆亦別有意在歟）

現今荷蘭東印度諸島之土地大別爲三種。其一爲政府所有地。政府自行耕作。以栽植咖啡爲限。仍採用從前之强制耕作法其非種咖啡者則雇用土民。令其自由種植。惟每人須課人頭稅一盾以代强制耕作之作用。其二爲土人私有地。卽東印度公司時代、或英國占領時代。已許其有永久所有權者。又其後行强制耕作法時。由荷蘭政府所賞與舊王土酋者是也。近來荷蘭因欲實施土地國有主義。故竭力設法買收。惟今日有此土地所有權者。大半係中國人。或已移入荷蘭人之手。土民之所有者。蓋極尠也。其三爲一種永久借貸地。或名有限所有權。卽不問土人、荷蘭人、及其他外國人。或在荷屬之商業公司。均得向其政府所有之山林藪澤。借而開墾之。其借地期限爲七十五年。期滿亦可續借。但絕對所有權則雖荷蘭人亦不之許。惟其借地權之欲轉讓他人者。經理事官之許可。無論何人均得行之。

私有地買收之方針

夫荷蘭政府之所以堅持其土地國有主義者。其根本觀念。卽在『土地之所有者、卽人民之支配者』之一語。然此果爲荷蘭之利乎。社會主義者之共產論。姑不問

矛盾歟短見歟

矣。不然者、則土地國有主義。實有害土民之自立自治心。薄弱其對於生活上之意識。其結果使土民不解人生生存之價值與興味。於此而欲教其勤勉、冀其開拓富源。夫亦矛盾之甚矣。至土民無勤勉之心。企業之志。則荷蘭之利益。亦當然隨之而減少。此不待智者而後知也。試觀爪哇各地。荒蕪盡開闢。農園甚發達。一樹之蔭。一垣之隙。均無不加以犂鋤。然其富力竟遜於英屬之馬來半島。其財政、則年年累及其本國之國庫。其他如蘇門答剌、婆羅洲各島。寶藏無盡。苟開發得宜。則今日之貿易額。雖增加數倍或數十倍。豈難事哉。乃荷蘭政府、依然利用其土民之舊思想。不願激發其生活上之興味。此果可以云智乎。或謂與土民以土地所有權。恐因此而啓其自覺心。實屬可怖。然則英國之自由主義。果如何。故吾人對於荷蘭之殖民政策。實屬大惑不解。雖近來亦漸悟吸收殖民地之富源於本國。不可操之過急。擬大投資本於生產業。以取開發的方針。然前途尚甚遼遠也。

五、統治之二大綱要

荷蘭人之在東印度諸島者。僅七萬數千人。乃竟能平治七十五萬方哩之領地。統御。三千八百萬之土民。誠亦偉已。雖籠絡舊王土酋。令其撫綏土民。然其政令莫不自巴城政廳出。而又係實行世界少見之奴隸政策。能不謂之偉且大哉。且除爪哇一島外。如婆羅洲、蘇門答剌等處。至今慓悍蠻民。猶出沒無常。甚至前世界之遺物所謂食人人種者。尙存各處。較之英人之於馬來半島。其地勢異。其性情異。且其根本的政策亦異。乃荷蘭人除蘇門答剌一部地域以外。竟能平安無事。以經營各種事業。蓋亦確有讚賞之價値也。茲請先就其統治之二大綱要。卽軍備與財政之二端而研究之。蓋陸海軍兩部。在殖民地內閣中。占特種之位置。而理財部總裁。又對於總督有獨立之地位。雖其發案設施。同爲總督府所掌管。然究以軍備與財政二項爲最重視。其殖民地內閣編制上之事實。可知蓋無待呶呶置辯者也。

下士以下統係募集

荷屬東印度之陸軍。除將校外。統由募集兵組織而成。荷蘭人外。德國人有之。比國人有之。瑞士人有之。歐亞混血人亦有之。全數三分之一、爲歐人、及歐亞混血人、其他三分之二。則爲土人。凡歐洲募兵。定期爲六年。期滿許其任意延長。其歐亞混血人亦與歐洲本國人受同等之待遇。此則吾人所當注目者也。

土人將校

土人兵之應募者。亦各種族皆有。而以荷屬東部莫剌哥羣島民爲最勇敢。實守備軍中之中堅。在南亞屬土割讓以前。該地黑人。曾多使用。今則已早絕跡。乃自一千九百零八年來。招舊王族及名家子弟而訓練之。以開採用土人將校之途。宛如登用雷肯脫、及維達拿、等土人官吏。而軍隊之間。亦布一種之二重制度矣。

陸軍組織之大要

陸軍部長。以中將任之。其司令部設於巴城。前總督卸任時。檢點從來與土人酋長等之間所結軍事協約之數。合計九百種以上。則其軍事上之複雜錯綜。可以想見。今雖各地大致平穩。有漸臻統一之觀。然尚有荷蘭政廳之直轄地及舊王族自治州。與土蠻所居之未征服地之區別。故軍隊任務。亦甚繁雜。以爪哇爲策源地。移動軍隊於各島。令其緩急相應。現今軍隊之在爪哇者有四旅。駐屯於巴城、彭動、三寶瓏、泗水、四處。每一旅約由左記各科隊而成。

步兵　二十營（每營四連）

野戰礮兵　四營（每營礮四門）

山礮兵　四營（每營礮四門）

騎兵　四營

工兵　四營

此外尚有輜重隊、及衞生隊。亦附屬之。

上記四旅以外。另有步兵獨立部隊四。每部隊均係一營。其間三營、駐屯於總督所在地之配天熟耳夫。及梭羅王所掌轄之梭羅市。與若夜王所掌轄之若夜市。及巴芝羅安州之寶瓏市。餘一營則駐於蘇門答剌島亞丁州之哥打。以當警備之任。又有要塞兵八營、又七連。與步兵同時分遣於各島。令服哨兵勤務。而其常備步兵二十營。其三分之二。常分遣於蘇門答剌、拔黎、西列倍斯、及婆羅洲各島。蓋征討土民、以步兵爲主也。其步騎兩兵。均用新式曼理厦連發鎗。礮兵之大半、備有馬克筝速射礮。此外尚有附屬於步兵隊之腳踏車隊。其一部、駐屯於蘇門答剌島亞丁州方面。騎工兵亦各分遣一部隊駐亞丁。餘均留駐爪哇。據一千九百十一年之統計。總兵員三萬三千一百五十一人。內歐洲人一萬零六百五十六人。將校一千三百三十九人。以此統治荷屬之各島焉

選拔步隊之編制

此外有稱爲選拔步兵隊者。十餘年前。在蘇門答剌與西列倍斯等處。開始編制。其後年年增加各地實爲陸軍組織上之一大異彩。此蓋因在亞丁等各處難治之地。立有征服之奇功而特設之者也。其組織與普通步隊稍異。計每排以歐洲人下士一名土人軍曹一名、伍長一名及土人兵十七名、共二十名而成。每三排爲一支隊。以中尉或少尉一名率之。每三支隊則置大尉一名以統率之。

陸軍俸給

凡歐洲人將校。悉係荷蘭人。有婆雷達士官學校出身者。有在本國坑平地方之同種學校卒業者。募兵之自荷蘭來者。每人約給費用一千盾。軍馬皆購自濠洲。不足、則臨時徵發之。茲揭其俸餉表如左。

將校（俸月）

中將	二〇〇〇盾（一盾約中國八角餘）
少將	一五〇〇
上校	一〇〇〇
中校	七五〇
少校	六〇〇

	上尉	四五〇
	中尉	二六〇
	少尉	一九〇
	特務曹長	一五七盾（以上皆月俸）
下士以下	一等軍曹	三·二五（以下皆日給）
	二等軍曹	一·八五
	三等軍曹	一·〇〇
	伍長	〇·七〇
	一等卒	〇·四一
	二等卒	〇·三八

（備考）上記俸餉。均視其在職年限而稍有差別。以上所揭。乃其最高額。恩給、寡婦扶助金、出征加俸、旅費補給、以及將校住宅費、飼馬費、等。皆有相當之規定。

陸軍病院

陸軍之訓練及風紀皆甚嚴重。與土人之怠惰者不同。此外如陸軍病院。亦頗稱完備。除軍人病者以外。尚許文明國民之一般患病者入院診治。實爲荷屬第一之衛生機關。計共有軍醫一百五十五名。藥劑官四十六名。獸醫十一名。病院三十一所。常設之患者收容所四十五所。

海軍組織之大要

轉觀海軍。其部長兼司令長係一中將。（初曾任過少將）凡軍艦操縱、海面測量、燈臺事務、海員管束、航路標識、氣象測定、港灣及其規則之規定、海技證書之給發、水路嚮導之規定、官辦船塢及煤炭廠之經營等一切水上事務。皆由其總括而統攬之。然其主要任務則爲海防。此不待言。其艦隊、分本國派遣隊與東印度特設部隊兩種。并附有帶特別任務之政府所有船及修艦工廠。

（甲）荷蘭本國海軍派遣隊。

戰鬥艦	三隻	一•五〇三四噸
巡洋艦	二隻	七九三三噸
計	五隻	二•二九六七噸

（乙）荷蘭東印度特設部隊。

監守艦	一隻	噸數未詳
礮艦	四隻	三〇〇〇噸
水雷艇	四隻	二八〇〇噸
測量船	九隻	九三〇噸
雜務船	一隻	未詳
計	十九隻·	約七〇〇〇噸

（丙）政府所有海防附屬船。

輪船	二十隻	九七四四噸
海產電報用船	一隻	三三一噸
河川用雙輪船	一隻	三一六噸
小輪船	一隻	未詳
計	二十三隻	約一·〇〇〇〇噸

總　計　四十七隻　共約四•○○○○噸

海軍根據地在爪哇東部之泗水港。本國派遣艦每三年一交代。又上記二種艦隊。每年四五月之交。在拔黎蘭勃克島附近。演習一次。其政府所有船二十三隻之內以六隻爲豫備。其他十七隻則分配於各島。每島一隻或二隻艦隊人員。總計司令官一人、高級甲板士官十八名、士官二百二十二名、機關部士官九十七名。下士卒三千零一名。下士卒中三分之二爲歐洲人。其他三分之一。則係招募土民。待訓練成熟後、分配各艦。卽政府所有船、其操縱及舵手、亦皆用白人。其他使役則以土人充之。

（丁）海軍部附屬工廠。

地名	浮船塢	箇數
泗水港	五○○○	一（海軍工廠內）
	一四○○	一
沙板港（蘇門答剌）	三○○○	一（貸於私立公司）

丹容婆寥克港…………四〇〇〇　一（貸於丹容婆寥克乾船塢公司）

（備考）廠長以海軍武官充之。另設技師長、技師。以修理軍用艦。若有餘暇。得修理民間私有船舶。

上記政府所有之艀船塢以外。沙板港及丹容婆寥克港二處。均有商辦船塢公司。其規模較政府所有者為大。

海軍之附屬事業。尚有水路嚮導、航路標識及燈臺等。且其巴城之天文臺。倡設於一千八百六十七年。尤為東洋著名之物。

要之荷蘭屬東印度之海軍。以港灣防備及輸送陸軍為主任。即其本國派來艦隊。亦不過與外國軍艦交換禮礮為要務。較之陸軍規模稍小。而其經費則除本國派遣艦之修理費外。一切餉項及各艦操縱費等。皆東印度政廳所負擔也。

三萬餘之陸軍四萬噸之海艦

由此觀之。荷屬東印度之陸軍、海軍、與其面積、人口相比較。殆如兒戲而已。以三萬三千之陸軍。與四萬噸之海艦。足以統治南洋各島。洵多幸多福之至者矣。若以此同一之面積與人口。移置於歐洲。雖二十五師之陸軍。五十萬噸之海艦。恐尙不足

意外之財政狀態

爲其完全之國防也。

荷屬東印度諸島軍事之實況已如前述。則其財政之情形。當亦如英屬馬來半島之餘裕。且其居民之多。領土之廣。地味之富饒。勞銀之低廉。故其財政之餘裕。當較馬來半島而更上一層。然天下事往往有出人意表者。請觀其最近數年間之歲出入表如左。

▲荷屬東印度政廳財政一覽表

年次	歲入	歲出	歲入不足
一九〇八	一•九〇〇五•〇二一五盾	一•九一三三•一二二六盾	一二七•一〇〇一盾
一九〇九	一•九七二三•七〇三三	二•〇一二七•八八九二	四〇四•一八六〇
一九一〇	二•二〇八三•四一一三	二•二六八九•四二〇三	六〇六•〇〇九一
一九一一	二•一二五八•八〇七五	二•二八七三•八一〇三	一六一五•〇〇二七
一九一二	二•三四一〇•〇八四五	二•六四七四•六六六九	三〇六四•五八二四

政策誤用之餘殃

吸取荷屬東印度之富源。以補助荷蘭本國之財政。已屬過去之事實。今則年年歲入不足。財政基礎大爲動搖。是蓋全由荷蘭殖民政策之所自招也。夫布强制勞働、强制耕作、等法。以苛賦土民。其廉價之勞役。幾與無代價相等。徒傾注全力熱中於本國國庫之增加。以致財政上之彈力盡弛。而資財之來源涸竭矣。凡爪哇各地事事物物。無不有稅。甚至一草一木之微。亦不能逃稅吏之眼。此等所得收入。悉數供獻其本國。一時荷蘭之富力。固藉以大增。然其結果。使殖民地資財涸竭。產業不興。而殖民地歲入。遂隨之而告不足。今則其本國國庫。反爲殖民地所累。（此可爲吾國近視眼流之財政家所鑒戒者也）觀最近因港灣、道路之設備。而投資經費之增加。可以知矣。

荷蘭殖民地財政艱難之第一原因。雖由於廢止强制耕作法。然其中害之最深者。莫土地國有主義若也。自常識上言之。强制耕作法廢止。則土地均得自由經營。彼等之產業。必漸興。而其生活程度。必漸漸向上。此當然應有之結果也。然荷蘭政府、一方面雖已失去强制耕作之利益。一方面仍不知獎勵土民自由之殖產。故其財政自然陷於惡境耳。夫固執土地國有主義。其結果必使土民對於生活上根本的

因果不爽

慾望心全部沮喪而努力奮勵日謀增殖其自己富力之勇猛心無由而起。故其所期望之產業振興。與土民之向上的精神。仍難見效。此必然之趨勢。沓不足怪者也。雖近年其生產額尙稍增加。貿易額亦稍進步。然此決非由於土民之覺醒及努力而然。實另有原因在焉。卽外國人之富源開發與物價之自然騰貴。以及政府事業之日漸擴張等爲其主要原因。至土民之進步發達。則頗遲遲也。故荷蘭若欲藉生產及貿易之日增以自誇。不可不先記錄外國人之功勳。當益益感謝之、歡迎之。然不料荷蘭政府。對此又若懷有一種謬誤之見解者。

次之、則荷蘭政府對於鐵路、港灣之經營以及一般之投資事業。其出資均極滋嗇。不如英人之大膽。故至今交通之稍完備者。僅爪哇一島而已。尤甚者、凡百事業。政府皆欲壟斷。惟恐一般人士有企業之餘地。於此而欲增進屬地之富力。豐裕屬地之財政。是猶南轅而北轍也。據荷蘭之統計。其因開發東印度屬土而起之公債。在一千八百九十五年發行四千四百萬盾一千八百九十八年發行五千七百八十萬盾。一千九百十年發行一千萬盾。（皆三分利公債）合計不過一億一千萬盾。然荷蘭政府之得於東印度屬土之國庫盈金。至一千九百零六年止。已達八億四千萬盾。一千八百七十年、荷蘭當時之殖民卿阿特爾氏。曾提議殖民地貢納金每年以一千萬圓爲限。其他餘剩部份。充作殖民地改良發展之用。而議會不聽。必欲全部收入國庫。拒絕其開發屬土之議。至今殖民地財政之所以告窮迫者。實皆胚胎於此等誅求主義也。雖近年荷蘭政府稍知反省。意欲開發爪哇以外各島之富源。獎勵促進各島之生產事業。然政府之所設施。尚不足以合地方之要求。若欲求補救之方。惟以歡迎外人之投貿及開拓爲最便。然荷蘭政府雖已陷於歲入不足、進步遲鈍之窮境。仍不脫疑忌外人之弊。惟比較的稍改面目而已。故世人所當注目之發達。尚在將來也。

荷蘭政府之財源

以上所述。均係抽象的觀察。今欲證明上記之事實。特錄荷屬東印度政府之財源如左。(一千九百十二年份)

(甲)荷蘭本國之歲入

咖啡專賣　七一•五一四六盾

機那販賣	三九・六〇〇〇
錫	二四四四・六九〇〇
鐵路收益（荷蘭本國之部）	二六・一〇〇〇
皮利冬島採錫公司政府所有股份之益金	九二・七〇〇〇
雜收入	一九四・〇九〇五
計	二八六八・六五〇〇

（乙）荷屬東印度諸島之歲入

阿片專賣	二七九五・七二〇〇盾
關稅及消費稅	三一七九・三〇〇〇
地稅	二七三九・三〇〇〇
咖啡專賣	四七・二〇八〇
鹽專賣	一四三〇・九五〇〇
山林	六六四・一〇〇〇

鐵路收入	二六二一•〇〇〇〇
營業稅	六〇三•二〇〇〇
煤炭	四一四•四〇〇〇
所得稅	五八〇•六〇〇〇
其他收入	五四六五•六五六五
計	二•〇五四一•四三四五
以上歲入總計	二•三四一〇•〇八四五

(備攷)荷蘭本國之收入。皆係東印度各島之生產物。送歸母國。所收得之金。非本國之所出也。又其本國鐵路。亦係由東印度所得之餘剩金爲資本而建築。故鐵路收入。亦可作爲東印度之供獻觀也。

收入上之特殊性質

荷蘭政府之財政。每年豫算與決算相較。常有極大之增減。此蓋因官業之咖啡、機那、橡皮、錫、煤炭及柚木等商品。其販賣之收入。隨市價之高低而增減。不能預定也。卽如前表所列咖啡一項。其收入豫計。亦較往年小。故觀市價不能恰達豫算額時。

卽將臨時事業、暫爲延期。以保歲出入之平衡。若尙不足。則惟有發行公債之一法而已。

財政收入之不穩

觀以上事實。讀者可以察荷屬東印度之財政。甚爲不穩。政府事業。亦甚廣汎。而不足憑矣。今更將既往五年間之歲入。以百分率計算如左。

▲荷屬東印度歲入百分率

年次	諸稅	專賣	官業	其他收入	合計
一九〇七年	百分之四〇・五	百分之二三・三	百分之二〇・二	百分之一六・〇	一〇〇分
一九〇八	四一・二	二三・五	一七・四	一八・〇	一〇〇
一九〇九	四一・九	二四・六	一四・一	一九・四	一〇〇
一九一〇	四〇・七	二四・〇	一三・四	二一・九	一〇〇
一九一一	四一・二	二五・五	一四・四	二〇・〇	一〇〇

（備攷）〔諸稅〕者。關稅、消費稅、地租、營業稅、所得稅、人頭稅、不動產稅、財產承繼

及讓渡稅、許可稅、印花稅、郵政稅、是也。

（專賣）者阿片及鹽是也。

（官業）者咖啡、機那、錫、煤炭、橡皮、等之生產販賣是也。

官營典當

吾人不遑細舉各種繁雜之稅目、又無暇詳述各種煩冗之政府事業。（專賣及官營生產業）…………惟若有人問及其中有何特別事業足資士民之便益者吾人將答曰惟有官營典當一事而已矣、噫…………然則荷蘭政府之收入、其用途究如何。

荷蘭財政之用途

吾人亦可大別之為二項、卽本國與殖民地是也。

（甲）荷蘭本國之支出	四一四三•六二四一盾
（乙）荷屬東印度之支出	二•二三三一•〇四二七盾
合　計	二•六四七四•六六六九盾

此一千九百十二年份之兩大歲出要目也。試以前揭之歲入表相比照、（甲）項之歲出、超過歲入一千二百七十四萬九千七百四十二盾、（乙）項亦超過歲入一千七百八十九萬六千餘盾。（甲）項之中、雖含有為殖民地所發行之公債本利償還

不生產的政費浩大

金約四百萬盾。而其餘用途大半爲殖民地文武官員及下士卒等之教育費。本國滯在者之俸給、年金、及旅費等爲主。杳無直接增加殖民地富力之性質也。至若荷屬東印度歲出之用途。吾人亦未見荷蘭政廳之能深思熟慮也。政府之專賣及官營事業費。與陸海軍備費二項各占總歲出額四分之一。一般行政費其爲內務部所管者占總歲出額六分之一。此三者爲最大項目。……其他因懷柔舊王土酋之故。特設二重機關。其結果亦占多額之歲出。……加之教育、司法以及荷屬中央政廳費。合計又達總預算三分之一。故鐵路之建築、港灣河川之修理、道路水田之開拓等。凡振興產業上根本的要素。其全部總括。不過一千萬盾矣。

生產事業投資之急務

荷蘭政府自一千八百九十八年至一千九百零七年十年之間。對於東印度政廳所屬各島。共投生產事業資金八千八百餘萬盾。嘗詡詡然以自誇。然其平均每年所支出。亦不過八百八十餘萬盾而已。以之與一億五千萬乃至二億萬盾之歲出總額相對照。僅僅當其二十分之一。（卽百分之五內外）況此中尙含有土人之金融機關、（卽官營典當等）與改良家畜、架設電話、灌溉耕地等各費哉。吾人平時視我政府對於臺灣及朝鮮之殖民政策。常多不滿足之點。而較之此地尚覺稍優也。明治四十五年份總歲出額爲四千五百萬圓。其中臺灣之鐵路建築、及修改、與水利事業等費特別支出二百八十萬圓。此外各種事業臨時費。又支出八百七十餘萬圓。至若朝鮮一方面。則僅僅鐵路之臨時費一項。共支出九百萬圓。雖彼我情形不同。不能以我律彼。然以荷屬東印度現在之情形論之。其領域之廣大。富源之豐饒。卽每年投下三千萬盾或五千萬盾。亦不足惜。蓋不數年後之利益。實償還本利而有餘也。觀爪哇之東印度鐵路公司。其股東非每年得純益百分之十二者乎。蘇門答剌之投利公司。非每年得純益百分之十者乎。雖爪哇官辦鐵路、東部綫僅百分之八、西部綫僅百分之二之純益、然此實經營不得其宜所致。若欲令婆羅洲、蘇門答剌、西列倍斯等各地產業隆盛。則此後鐵路、道路、河川、以及其他一切之交通機關。從速整備。爲唯一之急務也。（兩三年來泗水及馬呷沙二港之築港事業雖稍有可觀然各島之整備其前途尚甚遼遠也）要之荷屬東印度之財政。因其殖民政策之尙多疑問。故難望有健全之趨勢。蓋得強制勞働法之利益已久。餘習未脫。不思改善土民之生活。增進土民之富力。徐徐以堅財政之基礎。而惟汲汲乎欲輕毋國目前之負擔。此等宿弊。實尙深印於荷蘭人之腦中者。至近年雖似漸改方針。然苟不根本的改其對於土民之觀念。及歡迎外國人之自由企業。恐終無進步之望者也。寄語荷蘭盍亦一反省之。

歐人及與歐人同等者之教育機關

六、一般人文之情形

荷屬東印度諸島之殖民政策。係一種之二重政治。既爲讀者所瞭解。故其自然之趨勢。凡教育、司法、以至警察行政。歐人與土民之間。莫不劃有截然之區別。遂各有各種之機關與組織焉。

教育事業之稍有足觀者。唯爪哇一島。其他蘇門答剌、婆羅洲、及西列倍斯等各地。皆尙不足觀。凡歐人及與歐人同等者（日本亦受同等者之待遇）之教育機關。皆受教育部長之管轄、及監督。計官立中學校三所。（五年畢業）巴城、泗水、三寶瓏、各一。巴城尙有三年畢業之簡易中學校一所。此外另有夜學科、專業科。施特種之教育。其教員均係男女混用。而女教員之數尤多。此蓋因男教員須從歐洲本國聘來。而女教員則可聘殖民地生長之人也。私立中學校。則以三寶瓏、泗水、二處所立之簡易實業學校。及巴城與泗水兩市之高等女學校爲最著。以上各校。皆收學費。其私立諸校。政府亦與以相當之補助金。一千九百十年份之中等教員數。總計一百九十七人。生徒總數。二千四百三十七人。荷屬政府所支出此等學校之教育費。爲一百餘萬盾。若中學以上之教育。則須派遣至歐洲修學矣。

他若歐人及與歐人同等者之官立小學校。計男女同校者一百七十所。女學校三十所。此外私立者又三十三所。（一九〇九年調查）官立學校學生。共二萬三千二百九十六人。教員七百七十七人。私立學校學生。共五千零四十四人。教員二百三十二人。荷屬政府對於小學教育支出之經費。約二百二十六萬餘盾。其私立小學。大半屬於天主教會。其屬於新教者。僅四所而已。但教育與宗教。分別甚嚴。凡土人子弟能操荷蘭語。得與荷蘭兒童共處者。亦許入學。故上記學生中。有六千二百二十人。爲土人兒童也。

土人之教育機關

土人之中等教育機關。計凡師範學校五所。土人貴冑學校九所。（卽土人官吏養成所）巴城之爪哇法官教育所。及關於醫術、或工藝之學校三、四所而已。師範學校、自一千九百零九年起。每校學生定額一百名。土人貴胄學學校。九校中之最大者。其定額爲六十名。法官敎育所定額七十二名。今列各學校所在地如左。

師範學校⑴彭動⑵若夜⑶婆洛波林（以上爪哇）⑷福特郭克（蘇門答剌）⑸安保怡拿（安蓬羣島）

土人貴胄學校⑴彭動⑵馬克郞⑶婆洛波林⑷塞郞⑸馬奇翕⑹勃里達耳（以上爪哇）⑺動堂⑻馬呷沙（以上西列倍斯）⑼福特郭克（蘇門答剌）

師範學校。卽土人之小學敎員養成所。選拔土人子弟中優秀者入學。每名給津貼十盾。其修學年限定爲六年。此項經費亦由荷屬政府支出。約二十萬盾。貴胄學校。其敎授全用荷蘭語。敎法制、理財等科之一班。有三年畢業者。有五年畢業者。此項經費又約十八萬盾。其他私立學校之屬於敎會者。有師範學校十二所。其中在爪哇者三所。餘則散在各地。亦受政府之補助者焉。

土人之小學敎育機關如左（一級學校定期爲五年敎授荷蘭語二級學校定期爲三年）

(甲)爪哇及馬士剌島	公立	一級小學	五〇校
		二級小學	二七八
	私立		五六一
(乙)外部諸島	公立	一級	四校
		二級	三八二
	私立		一一四八

(備攷)上表私立學校中。其爲教會所辦者。在爪哇及馬士剌九十三校。其他各島八百九十一校。(一九〇八年調查)

即其總數爲二千四百二十三校。近年荷蘭政府又計劃擴張土人之教育機關。奬勵籌辦村立小學校。其結果、至一千九百十年。竟成立四百餘所。而荷蘭政府所支出之小學教育費。約二百三十萬盾。其學生數目如左。((甲)一九〇九年 (乙)一九〇八年統計)

(甲)爪哇及馬士剌島	公立	一〇、三六二七人
	私立	六、三七一〇人
(乙)外部屬地	公立	七、五〇四八人
	私立	七、五〇九四人

上記之外。自一千九百零八年以來。又有鑑於中國人教育之必要。擬特設學校。以教育之。蓋欲使彼等同化於荷蘭人而已。

譯者附誌華僑教育之意見

譯者附誌

僑界目前之急務。無有過於教育者華僑子弟生長海外。不獨不深悉國中情形。甚至有不解本鄉鄉語者世人之遊君士但丁堡者。觀其上下各級社會全用法語謂土耳其之瀕亡其原因雖甚複雜而其最大原因則爲喪失其唯一國粹之國語洵不誣也今華僑之在南洋者。凡婦女服裝、婚嫁儀式、家庭起居悉被同化於土人飲食用指不用箸終日咬嚼檳榔全口其赤如血所藉以不忘爲中國人者予以爲惟此操鄉語有漢姓及祭祖之風俗三者而已苟不急謀教育前途實難設想近年以來雖經僑界有識之士先後提倡各處小學已逐漸開設然往往心有餘而力不足其規模不能完備且政府不加獎勵領事亦素餐無爲故華僑中之有力者見西文之有用漢文之無謂也往往棄中就西其無力者日謀生活之不暇尙何遑顧子弟之就學哉以全南洋二百萬華僑而小學之數不過四百餘每校平均以六十人計之則華僑子弟之受小學教育者不過二萬四千人僅全人口百分之一餘其他之未受教育者正多也以視英美百分之十八德法百分之十六日本百分之十三其相去爲何如耶雖然國內教育尚且如此吾又何責乎華僑。

又荷屬與英屬不同英屬各地凡英人所辦學校悉准華人入學現在新加坡之愛德華第七紀念學校學生（醫學專門學校）華僑子弟占十分之七西人子弟僅十分之三而荷屬各地則嚴禁中國人與荷蘭人同校故中國人自辦之學校荷屬反較英屬多而且備蓋荷屬受刺深而奮英屬受刺淺而怠也自中國人自辦學校後荷屬政廳檢視所用教科書中（以上海中華書局及商務印書館所出版者爲多）有愛國合羣等字樣頗起猜疑乃開禁許中國人與荷蘭人同學并多方勸誘（觀於此而吾僑在海外奮鬬欲受同等之待遇享同等之權利可以知所方矣）近者三寶瓏某校因經費支絀而荷蘭政廳且有願代接辦之交涉嗚呼一開放一禁制孰幸孰不幸記者不欲明言願我明眼之讀者諸君自辦之。

土人教育之概況

荷屬東印度諸島之教育狀況略如前述其對於歐人及與歐人同等者之設施姑暫不論惟對於三千七百萬之土人其教育費總額據一千九百十一年之豫算僅

不過四百萬盾。平均一人。尙不足一角而已。若欲進之於普通文明國之程度。則更須十倍以上之設施也。惟土人安於怠惰。不嗜敎育。入中學者、千人之中能讀滿五年而畢業者僅僅二十六人。故前途之發達。實甚遼遠。且土人之中。種族既各異。言語亦隨之不同。卽現在所用之小學敎科書。計有馬來語、蚌達語、馬士剌語、拔黎語、等十七種之多。更以古典文字之各異。故其人文敎育實非易事。然荷屬政府。仍以土人敎育爲急務者。亦因世界的公義人道問題之不可以等閑視也。

歐人及土人之司法機關

荷蘭對於司法制度之二重政治。較之敎育制度尤顯。凡歐人及與歐人同等者之最高裁判機關。有高等法院一所。（在巴城）其下有地方審判廳六所。分設於巴城、泗水、三寶瓏、（以上屬爪哇島）眉堂、拔堂、馬呷沙、（以上屬外部諸島）六處。而各州尙有各州審判廳。管理各種之訴訟事件。至關於土人及與土人同等者之亞細亞人（中國人阿剌比亞人及摩亞人等）之事件。則依次列各機關以審判之。

（甲）治安審判廳　前於地方政務機關項下所述之土人官吏。卽稱爲維達拿者。雖爲行政官。令其兼理輕微之民刑各訴訟。若不服或事件較大者。則由土人官吏中之雷肯脫或巴雞審判之。

(乙)土人地方審判廳　凡各州內稍稍重大之民刑事件。以歐人爲審判長。再加二三名之歐人法官在此廳審判之。審判時。地方官吏、及由總督任命之土人酋長、檢事回回教僧侶、等均須到廳陪審。若不服時。則赴立法院上訴。

(丙)警察審判廳　地方審判廳所不接收之案件。如百盾以下之罰金。八日以內之懲役。及三箇月間之禁錮等案。歸其審理。由歐人之副理事官、或孔脫洛拉判決一切。不許上控。

(丁)宗教審判廳　以土人之地方官吏、及三四名之回教僧徒。爲審判官。審理關於土人間婚姻、及家產嗣續、事件之紛爭等案。惟僧徒須由總督任命。

以上組織。實完全中古時代之儀式也。

司法制度之腐敗

荷屬之司法制度。其對於歐人及與歐人同等者之間。雖大體上不失爲文明國之組織。然憶二三年前。曾有荷蘭人盧索克爾者。著『荷蘭果有掌握爪哇之權利乎』一書。極指摘司法機關之不善。頗惹起歐人之注目。蓋盧氏本奉職於爪哇政廳者。故所言殊適切。而其言荷蘭政廳、對於凡百訴訟事件。不問有意無意。莫不延緩異常。其指摘尤中肯綮。聞有一德人因受欺詐取財之嫌疑被捕。繫獄年餘未經一審。及至初審卽明知爲寃。乃不得已而釋之。噫、歐人尙如此。其他云乎哉。至若以土人之地方行政官令兼理司法。巧則巧矣。然弊害百出。蹂躪人權莫出其右。對於梭羅若夜二王。雖名義上許其自治。而實權仍依然爲理事官所掌握。惟不過裝飾表面以免刺激土人惡感之一種手段已耳。各地理事官及知事。對於外國人士。其猜疑之深。又爲路人皆知。且不僅司法事件已也。其餘一切、莫不皆然。故吾人對於荷蘭政府。深盼其翻然改悔。以公平、嚴密、誠實之旨。而大行開放主義之爲得也。

都市行政之自治

自一千九百零八年以來。大勢所趨。荷屬政府亦不得不稍更其從前方針。故對於左列各地。許其行自治制焉。

(甲)爪哇島(1)巴城(2)米尼斯達郭內里(3)配天熟耳夫(4)彭動(5)泗水(6)吉里彭(7)吉加爾(8)丕加倫加(9)三寶瓏(10)馬海瓏(11)克笛力(12)婆黎達爾

(乙)外部領土(13)拔堂(14)巴倫彭(15)眉堂（蘇門答剌島）16)馬呷沙（西列倍斯島）

（備考）前記各地以外。在蘇門答剌島東海岸之煙葉栽培業極進步之地。有耕主連合而設之地方參事會。

又爪哇島中政府直轄之十五州、亦有州參事會。

自治制既布。宜令課市稅、州稅、及其他之附加稅。以供築路、造橋、水利等之設施。此當然之事也。然中央政廳之監督。仍極嚴重。甚至參事會會員之資格。亦加煩重之限制。凡州參事會定員爲十七名乃至三十九名。而其過半數之會員。皆以官吏充之。其他會員、亦須由總督指定。雖其後修改選舉規則。謂會員係人民代表。宜從民選。然州參事會議長。仍以理事官任之。市參事會議長。仍以副理事任之。尚不得謂之名實相符之自治制也。雖土民自治能力之缺乏。無可諱言。然荷蘭殖民政策之謬誤。亦爲各國人所共認者也。

交通機關

吾人更欲進觀荷屬政府物質上之文明施設。而其可爲主要之材料者。莫如交通狀態。蓋開拓內地之富源。令土民得浴文化之光者。實唯交通機關爲唯一之利賴。茲揭各等之道路如左。

島名	一等道路	二等道路	三等道路	計
爪哇	三三八三哩	三八一七哩	六八六一哩	一•四〇六二哩
馬士剌	一一〇	四九	五六八	七二〇
蘇門答剌	一三四	四八六	五二二	五一三四
利育	二	一	二九	三三
彭加	一〇	四〇七	七七	四九五
皮利冬	—	—	二六〇	二六〇
婆羅洲	—	四	七〇八	七一二
西列倍斯	三	三二六	四四六	七七六
安保怡拿	—	八	二八二	二九一
塔爾內特	二	六	六	一五
基莫兒	—	一	一	三
拔黎及勃蘭克	三	三六	二六〇	三〇九

（備考）一等道路之幅幁爲五碼半。二等則四碼。三等三碼。

表中合計數與各等道路數不符者。乃省略其零數故也。

本表中蘇門答剌島亞丁州之軍用道路、及農園之私設道路皆不在內。

道路之比較的完備者。唯爪哇島。若婆羅洲、則面積雖廣。尚如原始時代之漠野耳。荷屬政府自規定國道州道里道之別後。其首先開築國道。專以輸送軍隊及官用物爲目的。即如橫貫爪哇島東西之大道八百哩是也。自西海岸之牲達海峽起。東進踰巴倫加之險。出吉里彭市沿東北經三寶瓏、泗水而至東南部之拔黎海岸係於一千八百零八年起工。徵集土民以建築之。其犧牲之人命不知凡幾。路幅約四丈。自一千八百九十三年以後。始許人民通行。若夫婆羅洲、蘇門答剌等處。幸多河流。行旅尚便。否則交通之困難極矣。蓋除一部份地方之外。尚未見有坦坦之大道也。

鐵路

轉觀鐵路。亦僅限於爪哇、及蘇門答剌之一部而已。其既成者。分國有、商辦、及輕便、鐵路三種。國有綫中。有爪哇東部綫、及西部綫、與蘇門答剌西海岸綫之別。商辦綫中。其一爲東印度鐵路公司。有三寶瓏與若夜間。及巴城與配天熟耳夫間二綫。資本金一千六百萬盾。（外加公司債二千七百五十萬盾）每年股東純益得百分之十二。其二爲蘇門答剌投利鐵路公司。資本金一千三百萬盾。每年純益約攤派百分之十。今表示是等主要鐵路之營業梗概如左。

	國有鐵道			私設鐵道			計
	爪哇		蘇門答剌	東印度鐵路公司		蘇門答剌	
	東部綫	西部綫	西海岸綫	三寶瓏若夜綫	巴城配天綫	投利鐵路公司	
軌道幅幀（單位米突）	一〇六七	一〇六七	一〇六七	一四三五	一〇六七	一〇六七	一
既成綫（單位吉羅米突）	九〇七	一〇〇〇	二一一	二〇五	五六	九二	二四七五
資本（單位千盾）	六、九〇八九	九、一〇〇四	二、三〇五七	二、四七六一	四一四八	七六九〇	三、八七五一
營業收入（上同）	一、〇六三二	七四四〇	一五三八	四〇六三	七七一	一七三五	二、六一五三
利益金（上同）	六〇五六	二〇三二	五五七	二三四九	三三一	八九五	一、二二二四
旅客收入（上同）	三五〇七	三三六二	三三〇	八一二	四〇二	六一二	九〇二八

旅客總數（單位千人）	九五六一	一、三三〇	七六〇	二〇七一	一二八五	一三九七	二、七三〇六
貨物（單位千噸）	一六七一	八五六	四一六	七三八	一〇五	二九一	四〇七八
一吉羅米突平均收入（單位千人）	三二〇六	二〇三	一九六	五四〇八	三七六五	五〇九二	
停車場數	一四九	一六四	三五	二八	一一	二〇	四〇七
機關車數	一八〇	一八〇	六五	四四	一三	一三	五三三
客車數	五一七	五二四	七二	九一	六六	九〇	一三六九
貨車數	三三九二	三三二三	六三三	八〇四	一一五	六二五	七六八二

（備考）讀者觀表時。務請注意各項之單位。

本表一千九百零八年十二月三十一日調查。

旅客乘車。分一二三等。且有歐人用車、婦人用車、土人專用車、及混合車、等之別。其車價之高及無夜行車。實爲兩大缺點。

其三爲輕便鐵路。現有公司十六所。就中有四綫屬於東印度鐵路公司者爲最大。總計其延長哩數。至一千九百零八年末。約二千六百五十一吉羅米突。（內四百三十二吉羅米突在蘇門答剌之亞丁州其他全部者在爪哇）若與一千九百零九年及一千九百十年份所開通之數合算。約達二千七百吉羅米突。其動力、除巴城之外廓綫共十四吉羅米突用電力外。餘皆用輕便蒸氣機關。其燃料概用柴木。至其營業狀態。最優者得純益百分之二十。普通平均約得純益六分五釐爲常。其軌道大半築於公道之上。（參觀地圖本書所附之地圖凡輕便綫確定豫定綫及軍用綫大體略備但其中亦有幾分之變更矣）

總之爪哇一島。道路已略完備。加以國有商辦及輕便等各鐵路。又皆縱橫馳驅。決無不便之虞。然外部各島。除蘇門答剌之一部地方外。其餘交通機關。尚未設備。實屬憾事。（參照地圖）是蓋因各島河川甚多。足資利用。海上交通亦極便利之故。然其最大原因。實爲荷屬政府。對於拓殖事業之投資。尚躊躇猶豫。不能洞察將來而大擲巨費故也。荷當時荷屬政府。不以每年之剩餘金。移充荷蘭本國鐵路建築費。徐徐利用其餘資。以謀各島之開發。則今日之荷屬。早已不亞於濠洲、印度、而成大殖民地矣。噫、可惜孰甚。彼短見政治家。惟知汲汲以圖目前之利者。可不愼哉。吾人於此。不得不警告我朝野之政客也。

大多數之回敎徒

轉觀宗敎之現狀。與土人之風俗。其最多數者爲回敎徒。蓋爪哇東部泗水市之西北約十里有克利瑟港。阿剌比亞人最先來此、傳播回敎。至十六世紀末。制服爪哇西部彭動州之王族。勢遂大振。未幾遂掌握爪哇全島之統治權。令全島島民改宗。凡關於文學、宗敎、及儀禮等一切之事物。均歸回敎僧侶掌理。各村有村僧。審判犯案。村僧可令被告者宣誓。每年土人之往麥加參拜者亦頗多。據荷屬政府之報告。一千九百零七年共八千五百十四人。其翌年共九千零六十八人云。（麥加在阿剌比亞半島之西岸摩罕默德之墓在焉）其傳道事業等之衰頹。殆與馬來半島無異。惟土人藉傳說的信仰力。而十分之九。皆信回敎者也。

基督敎

基督敎隨荷蘭人東漸而來。最初以莫剌哥羣島爲根據。漸次侵入西列倍斯、婆羅洲、及蘇門答剌各島。其至爪哇也。比較的反遲。新敎亦於三百年前傳入西列倍斯北部之米拿哈沙州。其後又有德國敎士之布敎於蘇門答剌。且一時荷蘭政府因欲保護其國敎。極力壓迫舊敎。故新敎得漸隆盛。然至一千八百零七年。發布信敎自由以後。舊敎勢力。亦稍回復。凡土民私立學校。大概屬於敎會所設。已如前述。據四五年前之調查。新教信徒約三十五萬。舊教約六萬。此外從英德美各國宣教師之教化者。約二十萬。合計約六十一萬內外。但外國人之信教者亦包含在內。

佛教

至於佛教亦尚不衰。惟遭回教之爪哇侵擊後。佛教徒之起而反抗者均移居於拔黎及勃蘭克、二島。又天達爾人與拔奇人。亦均隱於爪哇之森林中。而與回教徒相隔離。今日世界著名之美術的遺跡所謂婆羅州道外一百三十餘所之佛式石造殿宇。及古碑等皆在。尚得追想昔時佛教及多神教之景象也。

土人之風俗

土人風俗因其種族多而言語各異。故各有幾分之差別。其中如婆羅洲之大厦克人。非常獰猛。爪哇西部彭動州之土人。亦慓悍好亂。又上記森林中隱棲之種族。亦尚存在異性異族雜處其間而其占大多數之爪哇土人亦以上下階級之差異而生活狀態各有不同。如舊王貴族。今尚保存其舊威風。與我封建時代相彷彿。從者數十人。荷長鎗、張高傘、闊步大道神情甚妙。卽其邸宅及服裝亦一如舊日至於一般土人之男子。除官吏及公司使用人等、漸染歐風。外普通皆穿半腿短褲外罩長六尺幅四尺之更紗以纏於腰部。出外時、則加小袖之上衣頭部卷以二尺五寸四方之更紗冠以竹製笠帽。其纏於腰部者名曰沙籠。爲土人第一之日常裝飾品。女子服裝則隨地而異。下級賤婦、往往將沙籠提高不纏於腰而纏於胸部。胸部以上皆裸體。出外時張小傘。稍上等者則下著襯衣上罩喀柏耶。喀柏耶者薄布之小袖上衣也。最上等者則以西人所用之透空花邊飾於衣之胸部。惟爪哇中部以東之女子有以前面無縫跡之上衣覆蓋頭部以代喀柏耶者。彼等衣服之顏色皆尚華麗。而更紗之最普通者則爲藍色。男女皆帶指戒、及手鐲。頭插香花耳飾耳環。

極度的簡單生活

中流以下之女子咸裸足。其家屋甚簡單。大半均係草葺。但得一挺山刀一日卽可竣工。屋之周圍植果樹、作籬垣、以圍之。或設土塀、開小門。蓋雖曰土人、亦頗有風流氣也。（上中流者以木造石造或煉瓦造之）其常食之物爲米。以椰子仁、蔬菜、及香料等爲肴。有時用牛羊等獸肉或魚。作印度加里。又有以玉蜀黍、樹署等代米者。此外異風異族。不可縷述。唯爪哇人無貯蓄之心。乏向上之志。但有温良從順之美質。服從荷蘭人之統治。其能努力奮鬭自立自全者甚少也。噫、是豈久陷於奴隸之境遇。已相沿成習。遂喪失其自覺之精神乎。抑由於氣候風土之關係。而人生之氣概。全被其消磨殆盡乎。

最精確之

蓋彼等之祖先曾亦有大抗元朝軍隊。或納克洛氏與荷蘭對抗至五年之久等之武勇美譚者也。何至今銷沈若是哉。近見我日本之隆盛羨望頗切。大有寄情於我國人之勢抑亦可憐之甚也已。

故土人生活自然以達於簡單之極。蓋其所期望者惟美麗之沙籠、喀柏耶、指戒、手鐲、與夫紅辣茄、白胡椒、加里粉之類而已。有時或把酒一盞怡然自娛以解炎暑外實更無絲毫之餘念者也。噫、尚有何日得自奮自勵以成自主自治之國民者哉。蓋有待於外人之指導及開發者洵急而且切也。

七、貿易及主要產業

欲具體的察知南洋諸島之情形。惟觀其通商貿易最爲捷徑。欲知其通商貿易之狀態。其勢不可不審察其生產物之如何。能精査此兩者之趨勢。則彼地土民之生活、與南洋諸島之富力。卽可洞悉其底蘊。彼土民究依何物以供其衣食住之需。究如何各自謀生。均可推想。而關於產業貿易上、將來之發展方針。亦自然透澈於讀者之胸底。此無容疑義者也。

南洋在世界之位置無論政治上、通商上、皆占極樞要之形勝。試觀荷蘭在歐洲之國力。至今尚能保持其獨立的威勢。不與西班牙、葡萄牙、同一運命者。非以其多年吸收南洋之富力有以致此乎。今英德美各國之所以爭先恐後。樹霸權於南洋者。卽不論其政治上之關係如何。而此後一國商務之盛衰。實全視乎能否據有此等形勝之地以爲斷。蓋其關係於國運之發展者。實深且大也。本章所述。類多無趣味之統計表。不無減少記述之興味。然不忍耐而熟覽之。終不能得精確之知識也。

荷屬貿易一覽

▲荷屬東印度貿易一覽（下表單位爲一盾）

輸出			一九〇六年	一九〇七年	一九〇八年	一九〇九年	一九一〇年
私人之輸出	爪哇及馬士剌島	貨物	一、九二五三、五八四七	二、一一六三、三八五八	三、一〇八八、七一二四	二、八九三八、〇九四五	二、六九〇〇、九五三五
		金銀	七、四八八七	一二三四	一、六四四三	四九五〇	四四、三〇七五
	其他諸島	貨物	一、二〇六九、三九〇六	一、三五〇四、二六四五	一、四一九三、六三〇八	一、四八六一、〇三五四	一、六三〇七、五四二七
		金銀	一三七、四七二三	八七、三〇〇七	一〇一、八一八〇	三五、三一七一	六〇、八五八五
	合計		三、一四六九、七三五三	三、四七五五、〇六三四	四、五三八五、七九五三	四、三八三三、九五〇〇	四、三三一三、六六三三

輸出	政府之輸出	爪哇及馬士剌島	貨物	一六二五、〇三九〇	一七〇〇、七五二一	一六八五、六六四九	一六七五、四六九四	二六八二、八九三八
			金銀	—	—	—	—	—
		其他諸島	貨物	—	—	—	—	二六三、三三七一
			金銀	—	—	—	—	—
		合計		一六二五、〇三九〇	一七〇〇、七五二一	一六八五、六六四九	一六七五、四六九四	二九四六、一二〇九
	輸出總計			三、三〇九二、九六四三	三、六四五五、八一四五	四、七〇七一、四六〇四	四、五五〇九、四一九四	四、五二三九、七八三一
輸入	私人之輸入	爪哇及馬士剌島	貨物	一、四一五三、六八七七	一、四一七〇、四四三〇	一、六六一八、三〇七〇	一、七七二一、七〇〇六	二、一九四九、三〇六三
			金銀	五五五、五三二九	五〇一、六三四八	一七三〇、五四九七	六三三三、二一二六	一四二五、〇三六七
		其他諸島	貨物	七一四七、六七四三	七三六三、七一五三	七七三六、三九一三	八三一七、〇六〇五	九五八三、八五九三
			金銀	五三六、八二一六	六二八、八一七三	三二九、三五三三	二七九、八〇一四	三〇五、八四一六
		合計		二、三三八二、七〇六五	二、三三六四、五九九三	二、六四〇四、四〇一〇	二、六九四一、七七五一	三、三三六四、〇三三九
	政府之輸入	爪哇及馬士剌島	貨物	五四四、四六六一	六四三、〇九六六	六三二一、九六四五	五五六、五七一九	八七四、七一三六
			金銀	五六四、四四〇〇	七〇〇、〇〇〇〇	八八五、〇〇〇〇	五六〇、〇〇〇〇	三六四、〇〇〇〇
		其他諸島	貨物	九七、三三六七	一一九、三七四三	一四四、七九〇四	一一五、二七八八	一二六、七三二七
			金銀	—	—	—	—	—

第四　荷屬諸島之情勢　一六九

入合計	一二〇六、一三二八	一四六二、四七〇九	一六五一、七五四九	一三三一、八五〇七	一二六五、四四六三
輸入總計	二、三五八八、八三九三	二、四七二七、〇七〇二	二、八〇五六、一五五九	二、八一六三、六二五八	三、四五二九、四八〇二
貿易總額	五、六六八一、八〇三五	六、一八二、八八四七	七、五一二七、六一六三	七、三六七三、〇四五三	七、九七八九、二六三三

荷屬東印度貿易之趨勢。大體上年年進步。可於上表察之。惟一千九百零九年份與一千九百十年份之輸出額。稍覺減少。此蓋因煙葉、咖啡等重要產物少收成之故。（有時因市價過低。雖非收成不佳。而輸出額減少者亦有之）但以一般論之。則輸出入兩額。均年年增加。已漸登開發進展之途。茲除去荷蘭政府直接之輸出入額。僅以私人之輸出入額。與荷屬諸島之人口相較。其一人平均額如左表。

▲荷屬東印度一人平均貿易額（單位爲盾一九一〇年份）

地名	輸出額	一人平均額	輸入額	一人平均額	對於輸出入總額之一人平均額
爪哇及馬士剌	二、五九四五、二六一〇	八、六	二、三三七四、三三三〇	七、七	一六、三
其他諸島	一、六三六八、四〇一二	三、五	九六八九、七〇〇九	一三、〇	三四、五
平均合計	四、二四一三、六六二三	二、二	三、三三六四、〇三三九	八、八	三〇、〇

（備攷）爪哇及馬士剌之人口。如前所揭、爲三千〇〇九萬八千人。面積爲五萬〇五百方哩。　其他諸島之人口約七百六十萬。面積六十三萬餘哩。

本表中凡政府直接之輸出入額。概不列入。純係就私人之貿易額而算出之。

觀上表、爪哇及馬士剌島之輸出入總額。平均一人爲十六盾三。外部各島、如蘇門答剌、婆羅州、西列倍斯、及其他各島嶼。平均一人爲三十四盾五。卽可知爪哇及馬士剌地方居民旣多。開發較早。其富源已不如他處。而蘇門答剌、婆羅洲、及西列倍斯、等各島。均屬寶藏無盡。開發之餘地極多。可以一一證明之而無遺。然爪哇之一人平均貿易額。雖較他處稍劣。而比之堂堂世界一等國之大日本帝國國民。其一人平均貿易額。不過十六圓者。彼尙杳無遜色也。吾人之所以研究南洋之富源。而亟促國民之渡南發展者。蓋以此耳。

荷屬之主要輸出品

茲進而舉荷屬東印度諸島之主要輸出品如左。

（甲）爪哇及馬士剌主要輸出品

（本表係一九〇九年調查僅限於一百萬盾以上者列入之餘均從略乙表仿此）

品名	數量單位	數量	價格
椰子仁	基羅	七二三三·二七六一	一〇八四·九九一四盾
竹製帽子	箇	九九〇·三五七一	九〇三·一五七一
落花生	基羅	一六三一·〇四〇八	一六三·一〇四一
可可（如咖啡）	基羅	二三六·七二五九	一四二一·〇三五五
土酒	立突	五〇七·六八九七	一〇一·五三七九
帽子（土人製）	箇	三二六·六八〇三	一六三·三四〇一
木材（船材）	盾		二四六·四八七三
獸皮　水牛	張	二七·六七九三	一六五·三五〇九
獸皮　牝牛	同	三九·一九五一	一四八·三四五〇
獸皮　山羊	同	一四五·三〇四二	一三三·八九四三
木絲	基羅	七九六·四八七六	二三八·九四六三

幾那皮		同	五三〇・八三五〇	四二四・六六八〇
咖啡	帶殼者	同	二〇九・四七八一	一〇四・七三九一
	去殼者	同	八〇一・四六〇九	四八〇・八七六六
玉蜀黍		同	三二四五・五七四一	三二四・五五七四
樹薯粉		同	四二一三・二四八七	四二一・三二四八
樹薯根		同	四八一〇・〇四四五	二四〇・五〇二三
莫剌斯克		盾	—	一六三・三五八四
胡椒	白	基羅	二三三・一五四四	一一六・五七七二
	黑	同	四六〇・八八九二	一八四・三五五七
米		同	五六五九・二四四五	五六五・九二四六
糖	頭等糖	同	一〇・九三九三・〇六六九	一・六四〇八・九六〇四
	裝袋者	同	四七五六・五四〇三	二三七・八二七一
	糖蜜	同	九〇七〇・三二四一	四五三・五一三一

（爪哇糖及其他）	同	二六〇四・一二〇〇	一三〇・二〇六一
煙葉（未精製品）	同	三六六六・一〇〇〇	二九三二・八八〇〇
茶	同	一六三〇・九六六四	九七八・五七九七
錫	同	二一一・〇五二九	二七四・三六八八

（乙）外部諸島之主要輸出品

品目	數量單位	數量	價格
椰子仁	基羅	一・一一四六・九五九九	一六七二・〇四四一盾
咖啡（去皮者）	同	六八七・九八七〇	四一二・七九二三
玉蜀黍	同	一一九・四二七六	一一九・五四二八
煤炭	噸	六・三五五九	一二七・一一八〇
果實（檳榔）	基羅	二〇八八・二八三一	三一三・二四二五
果實（荳蔻）	同	二九二・二二六九	二九二・二五六九
煤油	立突	五・〇〇四五・七三九〇	二〇〇一・八二九六

胡椒	白	基羅	二二四·三五二七	一一二·一七六四
	黑	同	九九九·六三八八	三九九·八五五六
煤油滓		立突	七三五七·三六九一	三六七·八六八五
煙葉（未精製品）		基羅	二一〇〇·六三三二	一六八〇·五〇六五
錫		同	二八七·七二二一	一五〇·〇八六七
藤		同	三二二九·五五八四	四八四·四三四〇
貝類	眞珠	同	一〇二一·八四五八	二〇五·六九一六
	脫洛加	同	九四·二四九八	一八八·四九九六
便擎油		立突	一·五九六六·七二一六	四七九·〇〇一七
安息香		基羅	一三六·八八六四	一三六·八八六四
哥巴爾樹液		同	一〇二三·九一八一	二五五·九七九五
達馬		同	四四二一·六六六八	一七七·〇六六九
甘密		同	六八五·六四一〇	一七一·四一〇三

哀拉斯雞克橡皮	同	一四五·五九四三	二九一·一八六六
猗打 倍爾却橡皮	同	一一二·一四三三	二三四·二八六六
猗打 其他橡皮	同	一八六七·三五一二	一八六七·三五一二
芒克洛婆樹皮	同	八九六·五一八〇	二三四·四七七七

荷屬東印度主要之輸出品略如左表。吾人可以推知其生產物之大要矣。惟爪哇及馬士剌島與外部各島間其生產品少有差異。尤宜注意。雖前表輸出品中並非悉數盡舉。如白糖、煙葉、木材、果實、獸皮、胡椒、食料品、油類、貝類、及家畜等各項前表以外屬於同一性質之物品。未曾表記者甚多。咖啡之焙乾者、煙葉之精製者、均未列入也。今僅因其數量與價目之關係。欲令讀者一目瞭然。故凡不及一百萬盾以上之輸出品皆省略焉。

重要生產物之一斑

荷屬東印度諸島之重要生產物。爲糖、茶、錫、煙葉、咖啡、機那、椰子、煤油、橡皮、煤炭、樹薯、胡椒、果物、貝類、柚木、便擎油、竹製帽子、其他玉蜀黍、木綿、可可粉、藤、獸皮、等。不遑枚舉。而其產額之最多者爲米。蓋爪哇爲古來有名之產米地。其產額每年約八千二百萬擔以上。此中雖有價値五六百萬盾之輸出。然自他方輸入者。亦有三四千萬盾。蓋其產額雖多。尚告不足。故土人每以玉蜀黍、樹薯、甘薯、等爲副食也。貿易表中米之一項。位置雖低。而土人之生產物。實以米爲第一。（參照後章）至如煤炭一項。在蘇門答剌及婆羅洲二處。近年雖漸開採。其產額約三十萬噸以上。然尚不足供荷屬本地之需用。故其見於輸出表中者甚鮮也。（觀後章蘇門答剌項下）若糖、錫、橡皮、椰子、等類。爲南洋貿易品之大宗。不可不於別章詳論。且與馬來半島之錫、及橡皮有互相參照之必要。而與吾國尤爲特別之關係。故後章當特立篇目。詳細敍述。（卽第六篇）此蓋欲對於我國民南洋發展上有所裨補。故不厭煩瑣。詳論於後章。區區之意。幸讀者諒之

南洋產業之大宗

概括的說明

關於咖啡、機那、茶、藍、柚木、等類。在爪哇島項下詳之。

關於煙葉、煤油等類。在第五章各節項下詳述之。

其他輸出品則略敍如次。

「胡椒」　產於爪哇、婆羅洲之東西兩岸、及彭加、利育、蘇門答剌之東海岸、各地。

在東印度公司時代因行强制耕作法之結果。遂普及各地。其一千九百零九年（以下皆同）之主要輸出地如左。

	（白胡椒）	（黑胡椒）	（長胡椒）
德國	七六・二六九六盾	二・三〇二一〇盾	七三二六盾
英國	三一・三四五四	—	—
荷蘭	八・一九五五	六六・八七四六	一・二六二七
美國	—	二八・四五〇六	—
新加坡	一一四・一四〇六	二〇〇・二三三八	四九・七七五〇
檳榔嶼	三九一四	二〇三・一五八二	六九八

（備考）其輸出至新加坡者。入港以後。復分輸於馬來半島、及其他各國者有之。

又其中經新加坡精製之後。而逆輸入荷屬諸島者亦有之。

「樹薯」　其大規模者皆屬歐人經營。故投一百萬或二百萬盾資本之農業公司極多。凡不適於米田之乾燥地均宜培植此物。其種法與甘薯同。供土人食料以外。尚可精製成粉向各國輸出。其經手買賣者。以中國人爲最多。其主要之輸出地如左。

	（粉）	（根）
英國	一五〇・三九四三盾	七八・八四八二盾
荷蘭	五四・七八九三	八四・一七八四
美國	六九・六三二六	一・八八二三
新加坡	三八・二八四六	二四六八
日本	六・七三一二	二四一四
比利時	三・〇六一五	四一・四八九〇

「玉蜀黍」 爪哇、及西列倍斯島南部、產出最多。此亦係土民之一種糧食。除自供外。將殘餘向各地輸出。

	（由爪哇輸出者）	（由其他各島輸出[illegible]）
荷蘭	二一六・五二五四盾	七八・四〇〇[illegible]

英國	四七・三二三二	——
德國	二三・七三二一	二一・五五三七
濠洲	三六・〇四〇〇	五一七

「油類」 煤油一項後章當詳述。茲先揭煤油渣、巴拉粉及便擊油等輸出地如左。此等油類大半均由蘇門答剌及婆羅洲二處產出。

	(原油) 立突	(煤油渣) 立突	(巴拉粉) 盾	(便擊油) 盾
馬剌哥	一、五八九五、五〇六一	——	——	——
新加坡	七九五三、五一七五	四〇八四、八〇〇〇	一、一四七〇	一二三、七四二〇
中國	六六五八、四二三一	四八八、九〇〇〇	九、二八二七	——
日本	五六四二、七〇一五	——	二〇、一五七二	——
英屬印度	五九八六、九二一八	一一八九、九六九一	一〇五〇	——

「哥巴爾樹液」 為荷屬東印度之特產。可供（滑泥西）之製造材料。產於蘇門答剌、西列倍斯及婆羅洲各島。每年約輸出二百五十萬盾。以輸入於荷蘭及新

加坡者爲最多。其他則輸入於英、德、比各國。

「獸皮」 以水牛、牝牛、及山羊之皮爲最多。水牛一項。僅爪哇一處已達一百萬頭以上。大半均爲耕牛。其他大蜥蜴及鹿皮亦不少。

「土酒」 爲燒酒之一種。以米粉與水和糖蜜及椰子酒製成。供土人飲料以外。輸出額約達五百萬立突以上。

荷蘭	一一三•七四一五立突	新加坡	五八•九五七〇立突
英屬印度	一三一•一〇九七	中國	四八•〇一八五
香港	一五三•〇五六七	日本	七二〇〇

「木綿」 每年輸出約三百萬盾。出產地以蘇門答剌、及西列倍斯之南部及西岸、爲主。向荷蘭及美洲濠洲等輸出。

「藤類」 產於蘇門答剌之東西兩岸、與婆羅洲之東西兩岸、及西列倍斯島、等處。每年輸出約四百九十萬盾。又得供土人製造藤籃及藤墊之用。

「荳蔻」 產於蘇門答剌西海岸、與美拿登、及彭達諸島。每年輸出約三百萬盾。

「貝類」以眞珠及脫洛加貝爲最多。產出地以亞羅島、及馬岬沙海爲主。每年輸出約四百萬盾以上。日本人之在亞羅島以採珠爲業者有二百餘人。

	（眞珠）	（脫洛加貝）
荷蘭	一〇八・〇〇三〇盾	——盾
英國	二〇・二一一八	六・三〇八〇
法國	二三・七五七六	一六〇・三〇一〇
美國	三三・五六九〇	——
新加坡	七・九四八六	一四・六五七八
日本	——	五・三三八四

「檳榔」產於蘇門答剌東海岸、婆羅洲西海岸、及巴城附近。每年輸出約四百萬盾。

「甘密」以產於利育羣島者爲最多。每年輸出約一百七十萬盾。

「安息香」產於蘇門答剌島之巴倫彭附近。其大部份輸出於新加坡而再分布各國每年輸出約一百七十萬乃至二百萬盾不等。

「土人工藝品」　土人工藝品中有可注意者亦頗不尠。如以竹、及草莖、木葉、所製之各種日用品是也。土人手工品流行各地。却有不可輕視之勢。觀於前揭之（甲）輸出品表中之竹帽輸出額。每年已達九百萬盾有奇。他如莫蓙、籠類、大半以椰子葉及藤爲原料。而以爪哇特產之染料染之。「紡織物」中、則以爪哇更紗爲最流行。（觀爪哇項下）至若金屬細工品、土器、彫刻等類。尤不勝枚舉。

極有望之礦業

礦產之中。除錫、煤油、及煤炭、之外。其他金銀銅鐵等各礦皆有。其「金銀」之採掘特許地。現已達七十餘處。在爪哇東部之馬特翁地方。有二礦區。蘇門答剌西南岸之倍克倫州、西列倍斯島之美拿登郡、及婆羅州島西海岸等處。依一千九百零九年之公表。其產金額爲三百八十六萬六千格蘭。產銀額爲一千六百萬餘格蘭。「銅」則爪哇之泗水、及蘇門答剌、西列倍斯、基莫兒、各島皆有礦脈。惟現所開掘者。僅在泗水之五礦區而已。每年產額約四十五萬吉羅格蘭。其他不過有試辦地二十餘所。特許地二十餘所。「鐵」則產於蘇門答剌東部之巴倫彭、及淚

奔、與婆羅洲之中部各處。其中含有金鋼鑽之磁鐵。及含有金質之碎鐵等脈。最爲有望。惟目下已開掘者。僅蘇門答剌島之伊拉、哀爾皮拉馬爾沙三鑛。及婆羅洲東南之塞婆鑛而已。其他試辦者。或已得採掘權者。尙有三十處。荷屬政府以錫與煤炭爲官營業。煤油及其他各鑛。則許荷蘭人、或荷屬在住者及商業公司等採掘之。其試辦期爲五年。採掘期爲七十五年。

荷屬主要輸入品

荷屬東印度諸島之重要輸出品、及其主要生產品。既述如前矣。茲不可不再揭其輸入品。蓋凡荷屬諸島必需之品。觀下表卽可推想而無遺。將來有志南洋貿易之士。務宜熟覽而研究之也。

▲荷屬東印度主要輸入品（輸入品、因爪哇及其他外部各島無大異、故併記之、）

品目	爪哇及馬士剌島之輸入	其他外部諸島之輸入
煤炭	一三一•〇三三〇盾	一三六•三〇六〇盾
水門汀	一〇〇•一八七〇	四九•二一八五
罐頭牛油	一九四•五一九五	四一•六〇六三

魚類（鹽乾）	六八三•三五七七	九七•八三六四
汽車	一三六•三三〇〇	一九•八四〇〇
餅乾	一二七•一二六〇	五二•七七〇一
火柴 日本品	一三〇•二八一四	二九•〇一三三
火柴 歐洲品	八三•六二九八	二四•四七三五
綢緞	三三一•八〇五二	二六七•六二五八
布疋 粗布	七一一•九四五七	二〇六•〇二六八
布疋 細布	一八五五•三八六〇	三〇七•六〇八四
布疋 印花布	一六九二•一九七八	八四二•四七六七
玻璃器	一一二•一六一八	三一•五八六〇
絹布毛織物類	一九一•七〇七一	七三•四一三三
其他織物	一八二•六三〇一	一七六•六七九一
衣服類	二一八•四一五四	一二八•四〇九〇

皮夾皮包等	三〇八·六〇五五	五七·八八四三
陶器	一五三·七四〇〇	七三·八〇六〇
磁器	一六六·四三五二	三〇·三四一九
糧食品	七九〇·九六一四	四二一·〇八〇一
牛乳	七六·〇三三六	五六·六六三九
白米　暹羅米	二五四·八二一九	六七一·九四三四
白米　西貢米（安南）	一三九六·五二〇七	一三三·七一五五
白米　印度米	三九二·一七七八	七五三·五一一
白米　其他	一〇五·一三五四	二〇三·四五一三
製造及蒸氣機關	五三五·三一二八	二八六·七〇四一
製糖機械類	四三一·七三六二	—
鐵及鋼　軌條	二一五·二九二八	四·〇七二三
鐵及鋼　梁及斧	一五三·二三六九	七三·〇三一五

管	八七·八九四〇	一三三·六九六六
其他	一七九·三七九一	五九·〇一八八
鐵（棒及條）	二七〇·二一一六	二三三·三七八一
鐵路材料	一七七·二一三八	一六·〇七四五
鐵製器具	二六六·〇三二三	一三五·九七四〇
雜貨	二八一·三五〇〇	一一六·九九一二
流行裝飾品	一〇〇·三五〇〇	四二一·五三一三
賣藥及藥材	一七五·四八五一	七六·九九〇三
皮酒	七二一·一八二八	七九·一九七八
洋鐵板	八五·四八七一	一五四·六二九五
硫酸安莫尼亞（肥料）	四二五·一四四六	—
肥料	一五二·〇〇四三	六五·五三三九
煙火	一一七·三三三九	三九·四一三五

紙類	二三九·六六九六	八七·三五五九
油類　煤油	二一九·〇二一四	七一·二九五六
油類　椰子油	一五五·六二〇四	一一三·四四六三
粉	二〇八·七四八八	一〇九·八四三一
茶	二一八·九二三一	三四·四〇〇六
咖啡	一四五·一六八七	一三·八七四七
紙煙	一四一·三九三九	一五九·五七一七
阿片	一五〇·〇〇〇〇	一六〇·〇九八〇
葡萄酒	九〇·一五七六	四四·〇九七二
酒精（火酒）	二一九·七三〇九	五二一·八三一〇

主要輸入品之分類詳解

荷屬東印度諸島之主要輸入品。觀上表可以知其一班。其中如煤油椰子油兩項。雖係荷屬產物而一次輸出之後。加工精製。復向荷屬逆輸入者頗多。他若咖啡。雖亦由荷屬產出。而其品質之良者。仍自歐美輸入。茶與煙葉則每年自支那輸入者亦不少。雖不得謂爲逆輸入。亦一奇異之現象也。茲仿前例、將上表輸入品中之主要者。各加簡要之註釋如左。而與我國有關係之處。亦標明其下。然後再特立一節。聊以吐吾人之意見焉。

「煤炭」　蘇門答剌、婆羅洲等處。雖已開掘。然品質不良。產額亦少。故船艦及其他需用。大半仰給於英國、英屬印度及濠州等處。近者日本煤炭既已輸入新加坡。將來更望其能供給荷屬各島也。

「水門汀」　以英德兩國輸入者爲主。然吾人甚望吾國當業者之接踵興起也。

「糧食品」　以魚類（鹹或乾）爲最多。牛油次之。其中中國人之需用額甚巨。歐洲人及印度人等亦嗜之。鹹魚來自新加坡及檳榔嶼、牛乳牛油則自荷蘭、濠洲、意大利、新加坡及瑞士等處輸入。

「汽車」　在馬來半島需用者已甚多。近來荷屬各島亦自荷蘭輸入。其數年年增加。

「餅乾」　以英德荷比諸國所輸入者最適一般之嗜好。

「火柴」吾國在南洋貿易中。通馬來半島、及荷屬各島。其第一告厥成功者。火柴是也。惟瑞士爲我强敵。其勢力尚不可輕侮。試觀左表

	自日本輸入者	自瑞士輸入者
一九〇五年	八四・九一二六	四八・三七四五
一九〇六年	一一二・四五八五	九七・五〇七〇
一九〇七年	一一五・七五七一	一二三・二五八七
一九〇八年	一四〇・二三六五	一二三・七〇四九
一九〇九年	二八九・六二六七	一六八・七九四五

上表數中漏載之處亦頗不尠。惟日本火柴雖因價値低廉。販路已漸擴張。然瑞士火柴之品質、極爲優美。將來宜加警戒也

「絲類」以織絲爲主。其大部分自英國、荷蘭及新加坡輸入。吾日本當業者。亦宜奮起者也。

「紡織物」爲荷屬輸入品之大宗。年年入口。約六七千萬盾。占總輸入額百分

之二十五內外其中以綿織布疋爲最多皆來自英荷二國此商品也通英荷兩屬吾人皆宜奮起躍進者也

「絹布毛織物類」 絹綿交織綿毛及絹毛混合交織各品均含入此項當與前項木綿紡織物同在後編詳論之

「衣服類」 亦需要最多之一種如襯衣汗衫寢衣等已做成之衣銷用甚廣此又吾國人最適宜之貿易品也後章雖有詳細敍述之機會茲先揭一千九百零九年之輸出國別表於左以促我國人之注意焉

	輸入於爪哇及馬士剌	輸入於其他諸島	計
荷蘭	七〇•〇八六四盾	一七•三一一二盾	八七•三九七六盾
英國	一二•三三〇九	六•八六四一	一九•一九五〇
德國	二二•六二五八	五•九六一一	二八•五八六九
日本	一〇•二八八五	八•七三三一	一九•〇二一七
新加坡	七七•〇三七三	六二•八二三六	一三九•八五九九

香　港　一四•三三八七　一•一一三五　一五•四六二一

「陶器」　以茶杯、小皿、及洗手盆等價廉者爲多。

「磁器」　同上、此二者將來發展之餘地頗多。其品質堅牢而價廉者最爲相宜。

「玻璃器」　如窗、燈罩、屋頂用瓶等。輸入頗多。近年橡皮受液器。需用額亦甚增加。此品亦以價廉者爲宜。日本所製者頗受歡迎也。

「雜貨」　如金銀屬及寶石等粧飾品、與模造品等是也。悉自英荷德諸國輸入。日本品僅十五萬盾左右而已。遺憾孰甚。

「紙類」　以中國紙、外國信箋及各種日刊報紙爲主。

「煙火」　如中國之爆竹類。

「咖啡」　較爪哇所產尤佳者、皆來自外國。

「茶」　以中國人所用者爲主。

「白米」　因爪哇所產者、尚告不足。故由各地（暹羅、安南、印度、）輸入以補充之。

「鐵及機械類」　以英美德輸入者爲主。

「賣藥及藥材」　此又日本商人所宜努力者。蓋現時除經新加坡而入荷屬者、外直接由日本輸入荷屬者。僅不過二百萬盾內外而已其最多者爲英國與荷蘭。

「油類」　皆荷屬之生產品、由新加坡精製後而逆輸入者。

「酒類」　皮酒以德國品爲最多。日本品尚微微不足道。尚須大加奮發。酒精之中。如土酒、擎酒白蘭地、醱酵酒、威士杞酒等。均包含在內。其中以醱酵酒及擎酒。最占巨額。

「阿片」　爪哇一島。全經政府輸入。其他各島則由商人輸入。然統歸荷屬政府專賣。由印度及新加坡輸入。

輸入品之各國比較

觀上表、可以明荷屬諸島主要輸入品之一班矣。今欲知各國之通商勢力。故再徵諸統計而比較之如左。藉以喚起吾國之工商業者。此後宜如何傾全力於南洋也。

▲由各國輸入荷屬東印度諸島之年額比較表（單位爲盾）

國別	一九〇六年	一九〇七年	一九〇八年	一九〇九年	一九一〇年

荷蘭	六五三四、四五八一	七五〇三、〇六六〇	八七九三、五四一六	八七一四、三五三三	九六四四、九二八七
新加坡	五三一八、一五三九	四九一三、七四三四	四八七六、五九三三	五五二八、一七〇五	六二七六、〇七二五
英國	三二五七、七五六五	三三九七、九四四九	三六九四、一一二六	三八三一、三三一四	四〇六二、八二八四
英屬印度	七三九、六八三九	八七一、三三三五	八二六、五二三四	一三一一、二七八三	三五〇一、九七三二
西貢	六〇七、九二〇八	三六六、九九一八	八四六、五〇六三	一三三九、四一三五	一七三六、九一四二
德國	七一九、四二八一	八〇七、九二三四	九一七、六二九八	一〇〇五、七七七四	一二四九、二四五六
檳榔嶼	一五二七、六五一九	一六二五、三六七三	一二六九、六八六八	九九〇、五七八二	一〇四二、一五八八
香港	二八九五、五五六三	三七八、七八九五	六〇四、三六五八	七八二、一四六七	七三二、二六九九
濠洲	四二六、二〇三二	四六九、九九〇六	四一九、四六三六	三九二、四二二五	五四一、七三三五
美國	三四三、四三六六	三九一、五〇七三	四一〇、八四四六	四三八、六九〇七	五一九、九九四二
中國	二三五、八二八三	二七一、七一九七	三九六、五七七〇	四五三、五九四八	五一六、九四三七
比國	七三、四七一〇	九四、一九四六	九八、〇四三三	一八七、七九五八	三三九、六九五六
暹羅	三六六、九〇四四	一五九、八六六三	三一七、五四一七	二三四、六〇六五	三三九、六九五六
日本	三三六、七〇六七	二七三、一七四二	二七九、七五四一	三三二、二四九一	三一三、八六三六

（備考）次於日本者爲意大利、及法國。其他諸國。則皆不及一千萬盾者也。

由新加坡檳榔嶼香港等處所輸入者。雖各國貨皆有。而以英國爲最多。

中國五年間之進步約二倍

觀上表、可以知既往五年間各國商戰之趨勢如何矣。英屬印度及比利時。則五年間進步約五倍。其他除檳榔嶼、香港二處外。其輸出額亦年年增加。此非南洋富力年年開發進展之確證耶。我國之輸出品。雖亦增加五成。然較之西貢之約三倍。中國之約二倍者。實尚不足以愜吾心也。且其金額甚少。在一千九百十年份。僅足當荷蘭三十分之一、新加坡二十分之一、德國四分之一而已。豈得詡詡自足哉。

日本對荷屬貿易

吾人於茲更載日本對荷屬東印度之貿易表於左。以終此章焉。

▲由荷屬向日本之主要輸出品（明治四十四年份單位爲圓）

品目	價格	品目	價格
糖	八七六・九四一四	貝殼	一六・四八六一
煤油	四〇五・四五六七	藥材	一六・一四八一

橡皮	一六・一四〇七	揮發油	二四・五八二三
巴拉粉油	一三六・二四五〇	椰子仁	二・〇二九六
生綿及練綿	三〇・八〇三九		

▲由日本向荷屬之主要貿易品

煤炭	四五・九五四〇	玻璃器	一三・五二九八
火柴	九七・〇四一四	線粉條	二五・一一四二
薄織布	二六・八五九一	魚(鰑)	二・一四五九
綿織縐布	九・三六四二	陶磁器	九・二〇三五
綿織浴巾	九・九五四六	賣藥及藥材	七・四七一七
綿織絨布	九・九一八八	香水香油	九・三六七七
襯衫	二・九六七四	玩具	二・〇九六九
羽二重(日本紬名)	一四・二六二一	鐘	三・七六九五

日荷貿易趨勢一覽

絹手巾	二•〇九六五	煤油燈類	六•九八〇五
琥珀織	二•五七六〇	漆器	四•六二七二
洋傘	三四•五六七三		
花筵	三•三四八七		

（備考）右表係據日本政府之統計。雖與荷屬政廳之報告。不無小差。然大數則無差誤也。茲更依據第三十一統計年鑑。摘錄左表。

▲荷屬對日本貿易趨勢一覽

年次	自日本輸入荷屬	自荷屬輸入日本	合計
明治四十年	二二六、一三二一	二二〇三、九四七〇	二四三〇、〇七八二
明治四十一年	二一二、三五七七	二三九六、五三六〇	二六〇八、八九三七
明治四十二年	三〇七、一五三九	一八六三、一七八三	二一七〇、三三二二
明治四十三年	三一三、三五九八	一八八七、九五〇一	二二〇一、三〇九九
明治四十四年	三七二、四一一七	一五四五、九三〇二	一九一八、三四一九

噫、觀於荷屬與日本之貿易關係其輸入與輸出大相逕庭而吾國之對於南洋恰如立於債務者之地位可慨也已夫彼之輸入於我者年年二千萬元內外而我之輸出於彼者僅僅三百萬圓此吾人之所以不能不大聲疾呼者也夫吾國貿易表中之設「荷屬東印度」一項也在明治三十一年迄今已十有六年矣彼各國之輸入於荷屬東印度者年達三億萬圓以上而我僅得占其百分之一此非我日本實業家之最大羞恥耶猶幸者、我國之輸入品中皆係原料而輸出者則除煤炭一項外皆屬工藝品此則差强人意焉耳